CRISTIANISMO Y ANTICRISTIANISMO EN FANTASÍA Y CIENCIA-FICCIÓN

CRISTIANISMO Y ANTICRISTIANISMO EN FANTASÍA Y CIENCIA-FICCIÓN

MANUEL ALFONSECA

COLECCIÓN FUNDACIÓN CULTURAL ÁNGEL HERRERA ORIA

Director:
D. Rafael Sánchez Saus

Consejo editorial:
D.ª Adela Aura Larios de Medrano
D. Javier Pérez Castells
D. José Francisco Serrano Oceja

Secretario:
D. Fernando Lostao Crespo

Cristianismo y anticristianismo en fantasía y ciencia-ficción

© Manuel Alfonseca, 2025
© de la edición, Fundación Universitaria San Pablo CEU, 2025

CEU *Ediciones*
Julián Romea 18, 28003 Madrid
Teléfono: 91 514 05 73
Correo electrónico: ceuediciones@ceu.es
www.ceuediciones.es

ISBN: 979-13-87860-06-6
Depósito legal: M-17353-2025

Maquetación y diseño de cubierta: Andrea Nieto Alonso (CEU *Ediciones*)
Icono de cubierta: Freepik de www.flaticon.com

Impresión: Estugraf, S.L.
Impreso en España

ÍNDICE

INTRODUCCIÓN

¿Existe una literatura cristiana? Desde cierto punto de vista, la respuesta ha de ser que sí, por supuesto. Cualquier libro escrito por un cristiano lleva (o debería llevar) la impronta de sus creencias, aunque el autor no se lo haya propuesto conscientemente. Por otro lado, también se podría responder negativamente a esta pregunta: las obras literarias escritas por cristianos no deberían diferir de las demás; han de integrarse en la literatura universal y someterse a los mismos criterios para analizar si son buenas o malas. No está claro que exista un género de literatura cristiana, como no hay (o no debería haber) literatura femenina o literatura asociada a una raza concreta, pero sí hay (y debe haber) novela, poesía, drama escritos por cristianos.

En este libro voy a referirme a la influencia del cristianismo sobre la producción literaria en dos géneros de novela que han alcanzado un alto grado de desarrollo y difusión desde finales del siglo XIX y durante los siglos XX y XXI: la fantasía y la ciencia-ficción.

Al igual que cualquier otro género literario, la ficción científica puede ser excelente, buena, mala o deleznable. A principios del siglo XX, la abundancia de ejemplos a los que se podía aplicar el último calificativo desacreditó la ciencia ficción, que quedó injustamente asociada con un nivel muy bajo, dañando a los mejores autores y a sus obras. Es curioso lo que pasa con las obras maestras del género: los editores y los críticos intentan ocultar su pertenencia al mismo, como si reconocerlo las degradase.

Esto ocurre, por ejemplo, con novelas con argumentos típicos de ciencia-ficción escritas por autores reconocidos en otros géneros, como *El extraño caso del Dr. Jekyll y Mr. Hyde*, de Robert Louis Stevenson; *Un yanqui en la corte del rey Arturo*, de Mark Twain; *Un mundo feliz*, de Aldous Huxley; *1984*, de George Orwell; *La máquina de leer los pensamientos*, de André Maurois; y muchas otras.

En el año 2007, la Academia Sueca concedió el premio Nobel de literatura a la escritora británica Doris Lessing, a quien los críticos habían atacado por cultivar el género de la ciencia-ficción. Ella se defiende y declara que su obra más importante es precisamente la serie de novelas *Canopus in Argos*, en la que describe los esfuerzos de una sociedad avanzada por forzar el camino de la evolución en un planeta distinto del nuestro.

A veces se identifica la literatura de ciencia-ficción con la novela futurista. Esto no es correcto, pues hay literatura futurista que no tiene nada que ver con la ciencia, sino con la ficción política, como *News from Nowhere* de William Morris (1890). Por otro lado, hay novelas de ciencia-ficción cuyos argumentos se desenvuelven en el presente o en el pasado. Entre las primeras, podemos citar *Frankenstein*, *El extraño caso del Dr. Jekyll y Mr. Hyde*, gran parte de la ciencia-ficción de Julio Verne o mi novela *Tras el último dinosaurio*. Entre las que tienen lugar en el pasado, cabe citar *Un yanqui en la corte del rey Arturo*, *Caballo de Troya*, o mi novela *Más allá del agujero negro*, entre otras muchas.

La literatura de fantasía es un género distinto y también longevo, pues hunde sus raíces en la literatura de transmisión oral y se remonta prácticamente al origen del hombre. La frontera entre fantasía e imaginación, muy clara durante la Edad Media, se ha difuminado en nuestro tiempo. Ambas eran facultades interiores del alma sensitiva, pero mientras la imaginación se refiere a la capacidad de pensar en algo cuando ese algo no se percibe por los sentidos, la fantasía añade la habilidad de unir y separar, de combinar las imágenes de las cosas conocidas para formar algo nuevo. La literatura fantástica, por tanto, engloba todas aquellas obras en las que el autor combina los elementos de la visión del mundo real para crear mundos nuevos, diferentes del nuestro.

Con esa definición, es obvio que una novela de ciencia-ficción suele ser, al mismo tiempo, una obra de fantasía. Ambos géneros se asocian a menudo. Una revista norteamericana, famosa durante el siglo xx, los une en su nombre: *The Magazine of Fantasy and Science Fiction*. Lo contrario, en cambio, no es cierto: hay muchas novelas de fantasía en las que no interviene la ciencia o, si lo hace, es una ciencia diferente de la nuestra, como ocurre en la serie de *Harry Potter*, donde el papel de la ciencia lo desempeña una magia tecnificada y reducida a reglas, susceptible de ser aprendida en el colegio.

Conviene señalar que no es preciso que una obra literaria exponga explícitamente el mensaje cristiano para que pueda considerarse cristiana. Basta que el espíritu de su argumento se adecue al mensaje cristiano o esté influido por él. Viene a cuento aquí una cita del escritor inglés C. S. Lewis en una de sus obras apologéticas (*Is Theology Poetry?*, 1944, contenida en la colección *The weight of glory*): «Creo en el cristianismo como creo que ha salido el sol, no sólo porque lo veo, sino porque por él veo todo lo demás».

FANTASÍA CRISTIANA

1. SUBGÉNEROS DE LA FANTASÍA

La literatura de fantasía puede dividirse en subgéneros. Los principales son la fantasía religiosa, el mágico-realismo, animales parlantes, cuentos de hadas y mundos imaginarios.

La fantasía religiosa se apoya en la religión para construir historias sobre sucesos milagrosos o sobre la otra vida. Entre las obras pertenecientes a este subgénero se pueden citar muchos cuentos de Selma Lagerlöf, creyente luterana; la novela de C.S. Lewis *The Great Divorce*; o el cuento de J.R.R. Tolkien *Hoja, de Niggle*. Y en España tenemos a José María Sánchez Silva, autor de *Marcelino Pan y Vino*.

La novela mágico-realista tiende un puente entre el género realista y el de fantasía. Los personajes de estas historias viven al principio en ambientes ordinarios, en los que poco a poco o de súbito se introduce un elemento de magia, milagro o fantasía que se integra en su vida y la hace distinta. La literatura infantil anglosajona, muy creativa en este género literario, cuenta con autores como Eleanor Farjeon, Philippa Pearce, Barbara Sleigh, Joan Aiken, Monica Dickens (biznieta de Charles Dickens), Edith Nesbit, Mary Norton, Pamela L. Travers, Ian Fleming, Roald Dahl, el australiano Paul Jennings y la estadounidense Madeleine L'Engle. Las tres primeras y la última eran cristianas creyentes. Yo también he practicado este subgénero en una novela de misterio con un punto fantástico: *El zahir de Quetzalcoatl*. G.K. Chesterton hizo lo mismo en su famosísima *El hombre que fue Jueves*.

Eleanor Farjeon, que fue educada como anglicana, pero posteriormente se convirtió al catolicismo, fue la primera persona que recibió el premio Andersen en 1956. Escribió poemas para niños y libros mágicos, uno de los cuales, *The little bookroom*, le valió la medalla Carnegie. También recibió, en 1959, la primera *Regina Medal* de la Asociación de Bibliotecas Católicas de los Estados Unidos.

La novela fantástica sobre animales parlantes difiere de las novelas realistas y de aventuras porque los animales se comportan como seres humanos. Rudyard Kipling cultivó este subgénero en uno de sus libros más famosos, *El libro de la selva* (*The Jungle Books*). Otro Premio Nobel que hizo lo mismo fue Selma Lagerlöf, autora de *Nils Holgersson*. *El principito*, de Antoine de Saint-Exupéry quizá pueda clasificarse en este grupo, aunque en conjunto es una obra inclasificable. Aquí he incluido una sección sobre dos libros cuyos protagonistas son conejos parlantes: *La colina de Watership* (*Watership Down*) y *El rescoldo verde* (*The Green Ember*).

Aparte de los cuentos de hadas clásicos, muchos de ellos anónimos, uno de los escritores más modernos de este subgénero fue Oscar Wilde, que se convirtió al catolicismo en el lecho de muerte.

En el subgénero de mundos imaginarios, Gran Bretaña se lleva la palma con cuatro autores de fama mundial, todos ellos cristianos notorios: el pastor protestante escocés George MacDonald, el matemático anglicano Charles Dodgson, más conocido por el seudónimo de Lewis Carroll, el anglicano C.S. Lewis y el católico J.R.R. Tolkien.

2. EL DESPERTAR DEL DURMIENTE Y OTRAS FANTASÍAS RELIGIOSAS Y NO RELIGIOSAS

Hay una larga historia de obras literarias en las que un personaje entra en éxtasis, estético o religioso, o simplemente se duerme, y al volver a la realidad descubre que han pasado muchos años, a veces siglos. Este subgénero (llamado por los eruditos *leyendas de durmientes*) tiene representantes en muchas literaturas. En la literatura española se plasma en la *leyenda del monje y el pajarillo* o leyenda de san Virila, asociada al monasterio de Leire, que aparece también en la cantiga CIII de las *Cantigas de santa María* de Alfonso X el Sabio y en otras fuentes, como una versión de Ramón María del Valle-Inclán en *Aromas de leyenda*. En ella, un monje que entra en éxtasis mientras oye cantar a un pajarillo descubre al despertar que han pasado tres siglos.

Entre los *lays* franceses medievales hay una leyenda del *caballero Guingamor*, que llegó a una ciudad maravillosa y permaneció en ella tres días, y al salir comprobó que habían pasado tres siglos. Entre los cuentos clásicos de siempre está *La bella durmiente*, cuya primera versión no era, desde luego, apta para todos los públicos. Y en la literatura de los Estados Unidos es famoso el cuento de Washington Irving titulado *Rip van Winkle*, cuyo protagonista se queda dormido una noche y se despierta veinte años después. Pero en estas tres producciones literarias no interviene la religión.

En la época a la que se dedica este libro, desde finales del siglo XIX hasta la actualidad, el despertar del durmiente ha aparecido varias veces en la literatura de ciencia-ficción, por lo que hablaremos de este tipo de obras en el primer apartado del capítulo III.

Durante la Edad Media hubo otro tipo de literatura llamada «los milagros»: cuenta relatos milagrosos y se escribió en su mayor parte durante el siglo XII. Entre los más antiguos se cuentan los *Miracles de Nostre Dame* de Gautier de Coinci, monje francés cuyos protagonistas caen en pecado y se salvan milagrosamente por intervención de la Virgen María. Otra obra de este tipo es *Dialogus miraculorum* del fraile alemán Caesarius de Heisterbach, escrita en latín ca. 1240. Casi al mismo tiempo, el monje español Gonzalo de Berceo escribió en castellano medieval los *Milagros de Nuestra Señora*. Muchas de las *Cantigas* de Alfonso X el Sabio, escritas en galaico-portugués, pertenecen también a este grupo.

3. LOS MUNDOS DE GEORGE MACDONALD

George MacDonald fue un predicador protestante escocés que se dedicó también a la literatura. Autor de varias novelas realistas o mágico-realistas, es conocido sobre todo por sus obras de fantasía, que se dividen en cuatro grupos:

1. Cuentos de hadas, de los que *La llave de oro* (*The Golden Key*) es el que más me gusta, porque la empresa que deben resolver los niños protagonistas viene a ser una representación simbólica (aunque no alegórica) de la vida humana. Este cuento fue una de las influencias que me llevaron a escribir una novela de fantasía: *Ennia*. Otro cuento muy original es *La historia de Fotógeno y Nícteris*, sobre dos niños que han sido criados por una bruja de tal manera que Fotógeno sólo conoce el mundo a la luz del día y Nícteris en la oscuridad de la noche.

2. Dos cuentos que forman serie: *La princesa y el duende* (*The Princess and the Goblin*) y *La princesa y Curdie* (*The Princess and Curdie*). Aunque suelen suponerse dirigidos a los niños, contienen elementos complejos más bien enfocados a adultos, como un personaje feérico que representa a la Iglesia cristiana y que envía a otro personaje (Curdie) a acometer una empresa sobre la cual no le da ninguna información, porque él la tendrá que ir descubriendo a lo largo de su recorrido. Igual que en *La llave de oro*, se trata de un símbolo muy apropiado de la vida humana.

3. Dos novelas de fantasía para adultos cuyo contenido es difícil sondear si no se han leído varias veces. La primera, *Phantastes*, parece un cuento de hadas típico, con personajes como árboles encantados, mujeres hermosas por

delante pero corroídas por detrás, y una sombra de la que el protagonista no puede librarse –al revés que *El hombre sin sombra* de Chamisso–, porque representa el lado malo que todos llevamos dentro. Para mí, lo mejor de esta novela es la historia de Cosmo von Wehrstahl, que el protagonista lee en un libro y que interrumpe la acción de la novela. La segunda gran obra de MacDonald es *Lilith*, cuyo protagonista (apropiadamente llamado Mr. Vane, o sea, Sr. Veleta) se traslada a un país misterioso donde encuentra personajes como Adán (el primer hombre), que a veces toma la forma de un cuervo; y su otra esposa, la diablesa Lilith, princesa vampírica y malvada que al final de la obra se convierte y que encarna una de las ideas más audaces del autor: según MacDonald, la salvación llegará finalmente a todos, incluso a Satanás, que también desempeña un pequeño papel en esta novela.

4. Una novela única en su género es *A espaldas del viento del norte* (*At the Back of the North Wind*), un cuento fantástico en la que los dos protagonistas, un niño y un caballo, que comparten nombre (*Diamante*) viven muchas aventuras, a veces relacionadas con el viento del norte, que toma sobre sus espaldas al niño y le enseña el mundo. En el centro, según su costumbre, MacDonald interrumpe la historia para relatar un cuento de hadas, «Pequeña luz del día» (*Little Daylight*), una versión bastante original del cuento de la Bella Durmiente.

George MacDonald fue una de las grandes influencias de C.S. Lewis, que lo citó al menos una vez en todos y cada uno de sus libros y que lo introdujo como personaje en su novela *El gran divorcio*, como su maestro y mentor.

4. DOS CLÉRIGOS MATEMÁTICOS EN MUNDOS FANTÁSTICOS

Charles Lutwidge Dodgson, diácono anglicano, lógico y matemático inglés, hizo famoso el seudónimo de Lewis Carroll, con el que firmó varias obras de fantasía pertenecientes a los géneros de novela fantástica y poesía absurda.

Sus dos obras más famosas son *Alicia en el país de las Maravillas* y *A través del espejo y lo que Alicia encontró allí*. Estas obras tienen el mérito de ser las más citadas por los matemáticos en sus artículos científicos. Veamos algunas citas famosas:

— ¿Puedes decirme por dónde debo ir para salir de aquí?
— Eso depende de adónde quieras ir.
— No me importa mucho adónde...
— Entonces no importa por dónde vayas.
(De la conversación de Alicia con el gato de Cheshire).

— Toma un poco más de té.
— Aún no he tomado nada, así que no puedo tomar más.
— Querrás decir que no puedes tomar menos.
(De la conversación de Alicia con el Sombrerero Loco y la Liebre de Marzo).

— Entonces debes decir lo que piensas.
— Al menos pienso lo que digo.
— Viene a ser lo mismo.
— ¡De ninguna manera! En tal caso sería lo mismo decir «veo lo que como» que «como lo que veo»...
— Sería lo mismo decir «respiro cuando duermo» que «duermo cuando respiro».
— En tu caso es lo mismo.
(De la conversación de Alicia con el Sombrerero Loco, la Liebre de Marzo y el Lirón).

> — ¿En qué se parece un cuervo a un escritorio? (…)
> — Me doy por vencida. ¿Cuál es la solución?
> — No tengo la menor idea –dijo el Sombrerero.

> — Aquí hay que correr todo lo que se pueda para permanecer en el mismo sitio. (De la conversación de Alicia con la Reina Roja).

Aunque es menos famosa que *Alicia en el país de las Maravillas*, *A través del espejo* tiene una estructura más lógica y menos absurda, pues la acción tiene lugar en un tablero de ajedrez y muchos de los personajes que aparecen (como la Reina Roja) son piezas de ese tablero, donde se está jugando una partida.

Menos conocida que los dos libros de Alicia, *Silvia y Bruno* es un cuento fantástico cuya acción alterna entre un mundo de fantasía y el mundo real, aunque algunos de los personajes pasan de uno al otro.

En cuanto a sus poemas absurdos y paródicos, al estilo de Edward Lear, aparecen esparcidos por los tres libros mencionados antes. Los más famosos son *Es usted viejo, padre Guillermo*, *El Jabberwocky* (*El Galimatazo*, en español) y *La canción del jardinero loco*. Además tiene un poema más largo, *La caza del snark*, que se publicó por separado.

Lewis Carroll fue diácono de la Iglesia de Inglaterra y matemático de nota, autor de varios libros sobre lógica matemática que, al contrario que sus obras fantásticas, firmó con su nombre verdadero (Charles Dodgson).

El otro clérigo matemático fue Edwin Abbott, autor de un libro inclasificable, titulado *Planilandia* (*Flatland*). Algunos dicen que es ciencia-ficción y otros lo consideran matemática-ficción. Yo, con algunas personas más, prefiero considerarlo fantasía.

Planilandia, narrado por un cuadrado, nos describe un mundo en dos dimensiones poblado por seres inteligentes que tienen forma de polígonos, y se distinguen entre sí en función del número de lados. El mundo y sus habitantes están descritos con gran rigor geométrico. Es un mundo clasista, en el que la posición social depende del número de lados de cada individuo, y un mundo evolucionista, en el que los hijos tienen un lado más que los padres.

En cierto momento, un ser procedente de un mundo tridimensional que contiene a *Planilandia* (una esfera) la atraviesa y contacta con el narrador, cuyas ideas sobre su propio mundo sufren una revolución, al enfrentarse con la posibilidad de la existencia de otra dimensión, ajena a sus sentidos. Es fácil ver que Abbott está trazando un paralelo con nuestro mundo y que indaga lo que nos ocurriría si de pronto apareciera ante nosotros un ser procedente de una realidad de cuatro dimensiones.

Planilandia apenas tuvo repercusión en vida de su autor, pero después de que Minkowsky y Einstein revolucionaran la física hablando de un mundo de cuatro dimensiones –tres del espacio y una del tiempo–, la obra de Abbott pasó a ser considerada precursora literaria de las nuevas teorías físicas y cobró una fama que aún conserva.

5. LA FANTASÍA DE SELMA LAGERLÖF

En 1909, Selma Lagerlöf fue la primera mujer que obtuvo el Premio Nobel de Literatura. Su obra más conocida es *Nils Holgersson*, un libro para niños en el que un muchacho bastante estúpido, reducido por un duende al tamaño de un duende, tiene que recorrer toda Suecia a lomos de un ganso blanco. Esta aventura le permite enseñar a los lectores muchas cosas sobre todas y cada una de las provincias suecas.

Cada vez que leo este libro, me descubre algo nuevo y me asombra la habilidad literaria de la autora, que incluso se introdujo como personaje, aunque sin nombrarse, en su obra.

Teniendo en cuenta que este libro se publicó en 1906 y 1907, y que cada capítulo está fechado con el día de la semana –el día y el mes, pero no con el año–, es posible deducir que el año en que Nils Holgersson recorrió Suecia fue 1904.

Leer Nils despertó mi interés por otras obras de Selma Lagerlöf, que, si bien no me gustaron tanto como esta, sí me resultaron satisfactorias, como *La saga de Gösta Berling* y las colecciones de cuentos tituladas *Los lazos invisibles* y *Leyendas de Cristo*.

Las obras de Selma Lagerlöf, luterana creyente, rezuman cristianismo. Nils, por ejemplo, es convertido en duende en domingo, mientras sus padres están en la iglesia. Asa y el pequeño Mats son dos hermanitos, personajes importantes del libro, y cuando Mats muere accidentalmente, su hermana, ayudada por una monja, se empeña en que reciba un entierro digno. Y al describir lo que pensó Nils al pasar junto a la iglesia de un pueblo, dice lo siguiente:

> Llegó a la iglesia y entendió que los hombres la habían construido para oír hablar de otro mundo, de Dios, de resurrección y de una vida eterna.

Entre sus muchos cuentos con connotaciones religiosas, los que más me han gustado son «El huésped de Navidad», presente en *Los lazos invisibles*; «La llama sagrada», recogido en *Leyendas de Cristo*, sobre un cruzado que viaja de Jerusalén a Florencia con una vela encendida. También «La leyenda de la rosa de Navidad», donde uno de los personajes, hermano lego en un monasterio, actúa igual que algunos de los confesores de santa Teresa de Jesús, que entreveían a Satanás en las obras de Dios, e igual que los fariseos que criticaban a Jesucristo porque se reunía con publicanos y pecadores, este hermano lego no es capaz de comprender que Dios pueda dar sus dones a un ladrón y a su familia. «Por qué el Papa llegó a ser tan viejo» versa, por su parte, sobre una anécdota del Papa León XIII inventada por Lagerlöf y, finalmente, los dos protagonistas de «La chica de Marsh Croft» son muy íntegros. Si bien el final del cuento es predecible, su desarrollo es magistral.

6. G.K. CHESTERTON: EL HOMBRE QUE FUE JUEVES

Gilbert Keith Chesterton fue uno de los pensadores más notables del siglo XX. Anglicano al principio, acabó convirtiéndose al catolicismo. Sus libros, que abarcan muchos géneros (por un lado, ensayos y biografías; por otro, novelas de misterio y de otros tipos), influyeron en muchas personas, algunas de las cuales, como C.S. Lewis, lo consideraban uno de sus mentores.

Mencionaré aquí tres de los ensayos más conocidos de Chesterton, a través de algunas citas:

> El mundo moderno está lleno de gente que defiende dogmas con tanta fuerza, que ni siquiera sabe que son dogmas (*Herejes [Heretics]*, 1905, cap. 20).

> Algunos (…) hablan como si el paso del tiempo diera lugar a una superioridad (…) Si algo ocurre, está bien; si se impide que algo ocurra, es porque estaba mal (…) Finalmente, hay otros que toman lo que ellos desean y dicen que ese es el fin de la evolución. [En cierto modo] estos son los únicos sensatos, los que intentan conseguir algo y lo llaman evolución (…) La evolución es una metáfora del desenvolvimiento automático. El progreso es una metáfora de andar por un camino, posiblemente el camino equivocado. Pero reforma es una metáfora para gentes razonables y decididas: significa que vemos que algo está deforme y queremos ponerlo en forma. Y sabemos en qué forma (*Ortodoxia [Orthodoxy], 1908*, cap. VII).

> El hombre no es sólo una evolución, sino una revolución (…) Cuanto más consideramos al hombre como animal, menos lo parece (*El hombre perdurable*[1] *[The everlasting man]*, 1925, I Parte, cap. 1).

---

[1] Este libro ha sido mal traducido al español con este título: *El hombre eterno*. La palabra inglesa *everlasting* no significa *eterno*, sino *perdurable*. Chesterton escribió este libro en respuesta a *The Outline of History* de H.G. Wells. El hecho de que ahora nadie

Como buen católico, Chesterton se caracteriza por su incredulidad, pues los católicos no aceptamos automáticamente todo lo que se nos dice que es un milagro. Esto lo deja muy claro el personaje de Chesterton más conocido, el padre Brown. En uno de los relatos de misterio incluido en la colección, cuyo significativo título es *La incredulidad del padre Brown*, el sacerdote detective dice esto: «Creo que hay milagros. Creo que hay tigres comedores de hombres. Pero no los veo corriendo por todas partes. Y si quisiera un milagro, sé dónde encontrarlo (…) Un pequeño empujón os hizo creer en algo preternatural, pero estas cosas sólo eran naturales». El simple hecho de que el padre Brown sea un sacerdote católico hace pensar a los criminales que creerá en cualquier cosa de apariencia sobrenatural que le presenten. Pero lo que ocurre es precisamente lo contrario.

He traído aquí a Chesterton por una de sus obras, *El hombre que fue Jueves*, que se clasifica habitualmente entre las novelas de misterio, pero que en realidad es una obra de fantasía, como da a entender su subtítulo: *Una pesadilla*. Veamos su resumen:

> El poeta Gabriel Syme es contratado por uno de los jefes de Scotland Yard, un hombre misterioso, para que participe en un plan para desarticular una banda de anarquistas. Syme se introduce en una reunión de anarquistas y es elegido para representar al grupo en el Consejo Mundial Anarquista, que está formado por siete hombres, a cada uno de los cuales se le conoce por el nombre un día de la semana. A Syme le toca ser Jueves. Actuando como topo de la policía en el Consejo Mundial Anarquista, Syme descubre poco a poco que todos y cada uno de los restantes miembros, de Lunes a Sábado, son también policías infiltrados. Finalmente, todos abordan al jefe de los anarquistas, Domingo, que resulta ser el hombre misterioso que los contrató a todos para esa misión.

---

lea el libro de Wells, mientras sí se lee el de Chesterton, indica que Chesterton tuvo éxito. Veamos una cita de la obra maestra de Chesterton, que se opone a quienes piensan que el hombre sólo es un animal.

En mi opinión, Domingo representa a Dios, como sugiere él mismo cuando Syme le pregunta si alguna vez ha sufrido. Su respuesta es una cita del Evangelio: «¿Podéis beber de la copa de la que yo bebo?».

Escrita un año después, *La esfera y la cruz* es el contrapunto de *El hombre que fue Jueves*. No desvelo nada si digo que el antagonista principal de esta novela representa al diablo, pues desde el principio se le llama Dr. Lucifer. Los personajes principales son un ateo y un católico que se pasan todo el libro intentando batirse a duelo por una cuestión de convicciones y nunca se les permite hacerlo. Así se convierten en los peores enemigos del Dr. Lucifer, que no puede tolerar a las personas que son esencialmente fieles a sus convicciones, sean las que sean. Aunque, de hecho, el Dr. Lucifer teme a una persona incluso más que a estos dos, pero no revelaré quién es y dejaré que el lector lo descubra.

7. C.S. LEWIS: LAS CRÓNICAS DE NARNIA

El autor por excelencia de fantasía y ciencia-ficción cristiana es C. S. Lewis, famoso también por sus muchas publicaciones apologéticas y de crítica literaria. En el campo de la fantasía, es autor de las *Crónicas de Narnia*, que describen cómo podría haber tenido lugar la redención en un mundo diferente, al que se ven trasplantados misteriosamente algunos jóvenes de nuestro mundo y de nuestra época.

En esta serie de siete novelas, Cristo está representado por el león Aslan. Debe tenerse en cuenta, sin embargo, que el autor no intenta escribir una alegoría en la que cada elemento del argumento represente de forma más o menos simbólica algo equivalente del mundo real, sino más bien un paralelo que admite la introducción de diferencias importantes, a conveniencia de las necesidades de la creación literaria.

La primera de las crónicas de Narnia en orden de publicación, *El león, la bruja y el armario*, que es la segunda en el orden cronológico interno, expresa explícitamente el mensaje cristiano de la Redención, aunque Aslan no da la vida para salvar a muchos de los habitantes del mundo de Narnia, sino por uno solo de los niños que vienen del nuestro, que ha traicionado a sus hermanos y se ha hecho acreedor por ello a la pena de muerte.

La última de las crónicas, *La última batalla*, relata cómo sería el fin del mundo y el juicio final en Narnia.

Las otras cinco crónicas también presentan situaciones y dilemas éticos inspirados por el cristianismo, aunque enfocados con mucha más libertad. Por ejemplo, *La travesía del viajero del alba* es el típico relato de un viaje por mar inspirado en la *Odisea*. *La silla de plata*, que es la que más me gusta, quizá por ser la primera que leí, recurre a la idea de que la vida de un cristiano es una misión encomendada por Cristo, cuyo objetivo no conocemos por completo y que debemos ir descubriendo a medida que avanzamos. Es una idea semejante a la que quiso expresar George McDonald en *La princesa y Curdie*. *El sobrino del mago*, por su parte, describe la creación de Narnia.

Las siete novelas de esta serie se ordenan así según su fecha de publicación: 1. *El león, la bruja y el armario*. 2. *El príncipe Caspian*. 3. *La travesía del viajero del alba*. 4. *La silla de plata*. 5. *El caballo y su muchacho*. 6. *El sobrino del mago*. 7. *La última batalla*.

Y en orden cronológico interno: 1. *El sobrino del mago*. 2. *El león, la bruja y el armario*. 3. *El caballo y su muchacho*. 4. *El príncipe Caspian*. 5. *La travesía del viajero del alba*. 6. *La silla de plata*. 7. *La última batalla*.

Utilizando los recursos técnicos actuales, que permiten mezclar sin fisuras la actuación de actores humanos y la animación, una parte de la serie ha sido adaptada al cine.

Inspirado por este mundo imaginario de Lewis, yo también escribí el mío, las *Crónicas del rompecabezas mágico*, formadas por cinco libros. Aquí no hay animales parlantes, sino seres humanos que reproducen a grandes rasgos la historia de nuestro mundo y lo que podría llegar a sucedernos.

8. C.S. LEWIS: EL GRAN DIVORCIO

Para escribir esta novela corta, C.S. Lewis se apoyó en el concepto del *Refrigerium*, una idea medieval respecto a la posible existencia de un lugar en el que los condenados al infierno podrían librarse temporalmente de sus penas y sentir un ligero alivio. Quizá, además, encontrarían allí una última posibilidad de arrepentirse de sus pecados y de salvarse. En tal caso, si aceptaran esa oportunidad, su estancia en el infierno podría considerarse como su paso por el Purgatorio.

El gran divorcio (*The Great Divorce*) al que se refiere el título de la obra de Lewis es el divorcio del cielo y el infierno. Lewis está aquí respondiendo a la obra de William Blake *El matrimonio del cielo y el infierno*. Como ese matrimonio es imposible para Lewis, lo convierte en un divorcio.

En la novela, un grupo de condenados es trasladado a un lugar hermoso en el que a cada uno de ellos se le asigna un mentor, una persona a la que han conocido en esta vida y que actualmente se encuentra ya en el Cielo. Él habrá de ayudarle a tomar esta decisión definitiva. El mentor de C.S. Lewis, por supuesto, como ya se ha dicho, es George MacDonald.

De todo el grupo de condenados que se encuentra en el *Refrigerium*, sólo dos consiguen salvarse: el narrador (el propio Lewis) y un individuo histriónico que durante toda su vida ha sido víctima de su propio orgullo, representado por un reptil parásito que lleva posado sobre su hombro y al que debe matar para salvarse. Los demás deciden finalmente volver al infierno, donde su destino será separarse cada vez más unos de otros hasta quedarse finalmente solos.

Pero el final de la novela descubre que lo que Lewis trata de expresar en este libro no es la otra vida, ni tan siquiera el Purgatorio, sino nuestra propia vida en la Tierra. La parte más impresionante la constituyen las tres últimas páginas, donde Lewis se ve a sí mismo y a los demás como realmente somos, y no como pensamos que somos. Es una idea que me recuerda el concepto de *falso ego* de la filosofía hinduista: no somos lo que pensamos que somos, sino que hay una parte de nosotros mucho más profunda que, mientras para los hinduistas se identifica con una de las formas de Dios (lo llaman la *Super-Alma*), para los cristianos es la idea que Dios tiene de cada uno de nosotros, que es lo que realmente somos y no lo que creemos que somos.

En mi clasificación personal de los libros de C.S. Lewis, esta fantasía religiosa figura entre los muchos libros de ensayo y apología del cristianismo que escribió. Pero aquí he decidido incluirla entre los libros de fantasía.

9. LAS FANTASÍAS RELIGIOSAS DE CHARLES WILLIAMS

Charles Williams, poeta y novelista, fue uno de los Inklings, el grupo de amigos que se reunía todas las semanas en el despacho de C.S. Lewis para discutir sobre temas filosóficos y literarios. Antes de la pertenencia de Williams, estas reuniones habían motivado la conversión al cristianismo del propio Lewis, que empezó siendo ateo, después pasó a creer en Dios, pero no en Cristo, y finalmente se hizo cristiano, ayudado especialmente por Tolkien, que durante una noche memorable, paseando por los jardines del Magdalen College de Oxford, donde Lewis tenía el despacho, neutralizó sus últimos reparos explicándole que con la venida de Cristo los antiguos mitos se habían hecho realidad. Lewis devino entonces uno de los mejores apologistas del cristianismo de la Inglaterra del siglo xx, junto con G.K. Chesterton, en quien el propio Lewis reconocía a uno de sus maestros.

Charles Williams llegó a Oxford como empleado de Oxford University Press, importante editorial cuya filial madrileña publicó la segunda edición de mi novela *Mano escondida*. Inmediatamente se despertó una gran amistad, basada en la admiración mutua, entre él y Lewis, truncada sin embargo por la muerte prematura de Williams, en 1945, a los 58 años.

Al contrario que los libros de fantasía de sus amigos Lewis y Tolkien, que tienen lugar en mundos distintos del nuestro (*Narnia* y *Tierra Media*), las novelas de fantasía religiosa de Williams se ambientan en nuestro mundo y en nuestro tiempo, si bien el elemento fantástico en ocasiones los difumina. Estos libros influyeron en la tercera novela de la trilogía cósmica de Lewis, *Esa horrible fortaleza*, de la que hablaremos en su momento. Sin embargo, el elemento religioso no choca tanto con la vida diaria en todas las novelas de Williams, a dos de las cuales me voy a referir aquí.

Descenso al infierno (*Descent into Hell*) es una magnífica descripción de cómo la corrupción se apodera de un ser humano hasta hundirlo en las profundidades de la condenación. La heroína de la novela está obsesionada por el temor de encontrarse con su doble, hasta que el héroe (un artista) la libra de sus temores aceptándolos para sí mismo. Esta es una de las ideas fundamentales de la forma de pensar de Williams.

Víspera de Todos los Santos (*All Hallows' Eve*) empieza con la muerte accidental de Lester, la protagonista, y de su amiga Evelyn. A partir de entonces, sus almas recorren Londres. Aunque Lester acepta su nueva situación, Evelyn protesta todo el tiempo. Lester termina enfrentándose a un mago malvado que desea apoderarse del alma de Betty, otra muchacha, hija suya y amiga de Lester. Cuando el mago es derrotado, el alma de Lester queda libre para continuar su camino hacia la otra vida.

10. EL MUNDO DE J.R.R. TOLKIEN

Para pasmo de muchos críticos, *El señor de los anillos*, obra maestra de Tolkien, fue elegida en varias votaciones realizadas en el mundo anglosajón como la obra literaria más importante del siglo XX, cuya reciente adaptación al cine en la trilogía dirigida por Peter Jackson también ha roto moldes en la tecnología fílmica. Su autor, J.R.R. Tolkien, era católico practicante y miembro del grupo de escritores y amigos de Oxford conocido como los *Inklings*, al que también pertenecían C.S. Lewis y Charles Williams. Por ello se ha querido ver en su obra una alegoría del mensaje cristiano, cosa que él siempre negó, aunque es evidente que existen muchos paralelismos más o menos conscientes.

La obra describe la eterna lucha entre el bien y el mal. Este último lo representa Sauron, que, como señor de los anillos, da nombre a la trilogía, aunque nunca aparece explícitamente en ella como personaje, un gran acierto de Tolkien. Gandalf, uno de los protagonistas, da la vida por salvar a sus amigos para resucitar más tarde, pero no representa directamente a Cristo, como sí lo hace Aslan en las crónicas de Narnia, pues no se trata de Dios hecho hombre (o león, en su caso), sino de un ser de menor rango del mundo espiritual, un ser angélico.

Tolkien es el creador de un mundo completo, la Tierra Media, poblado por hombres, elfos, enanos, hobbits y seres malignos de diversos tipos, cuya mitología e historia antigua es objeto de una obra póstuma, *The Silmarillion*, publicada en 1977. Esta mitología está claramente influida por el catolicismo del autor.

En este mundo se encuadra *El Hobbit*, novela anterior destinada a un público infantil de la que *El señor de los anillos* funciona como secuela dirigida al público adulto. Sin lugar a dudas, este libro es una obra maestra de la literatura universal

Este es el argumento de *El Hobbit* y *El señor de los anillos*:

1. *El Hobbit*: Bilbo Baggins es un hobbit, una especie de hombre pequeñito, más o menos la mitad de alto que un ser humano normal. En cambio, los hobbits viven mucho más que los humanos; alcanzan la madurez a los cincuenta años y a menudo viven más de cien. Un día llegan a su casa unos enanos y un mago (Gandalf) que le arrastran a vivir aventuras. La más importante es el hallazgo de un anillo del poder que le permite hacerse invisible cuando se lo pone. Se enfrenta con un dragón, Smaug, al que tiene

que robar uno de sus tesoros. Después de participar en una batalla terrible entre elfos, enanos y humanos, por una parte, y seres maléficos, por otra, regresa felizmente a su casa cargado de tesoros.

2. *La compañía del anillo*: Frodo Baggins, adoptado por Bilbo Baggins, recibe en herencia su anillo del poder cuando Bilbo desaparece para dirigirse al hogar de Elrond, uno de los elfos más poderosos de Tierra Media. Gandalf aconseja a Frodo que se dirija también allí, para que el anillo no caiga en poder de Sauron, el señor de los anillos. Junto con otros tres hobbits, Frodo abandona su casa y tiene que escapar de varios jinetes negros que intentan robarle el anillo, aunque recibe la ayuda de Aragorn, quien más tarde resulta ser el heredero de los antiguos reyes humanos de Tierra Media. Una vez en casa de Elrond, se decide que la única forma de evitar que el anillo caiga en poder de Sauron es destruirlo, para lo que debe ser arrojado a un volcán situado en Mordor, el país del enemigo. La compañía del anillo que debe acometer la empresa está formada por los cuatro hobbits, dos hombres (Aragorn y Boromir), un elfo (Legolas), un enano (Gimli), y el mago Gandalf. Por el camino deben atravesar las cuevas de Moria, donde Gandalf cae en un abismo para salvar a sus compañeros de un monstruo terrible. Esta primera parte termina cuando los orcos los atacan, matan a Boromir y raptan a dos de los hobbits (Merry y Pippin).

3. *Las dos torres*: En esta parte, la compañía del anillo se separa. Aragorn, Legolas y Gimli persiguen a los orcos para salvar a Merry y Pippin, mientras los otros dos hobbits (Frodo y Sam) emprenden solos el camino hacia Mordor. El primer grupo se encuentra con Gandalf, que ha resucitado, y con la ayuda de los jinetes de Rohan se enfrenta y vence a otro mago, Saruman, que se ha vendido a Sauron.

El segundo grupo se encuentra con Gollum, antiguo dueño del anillo, a quien conminan a guiarles al interior de Mordor. No obstante, este los traiciona y Frodo cae primero en las garras de una araña gigante y después de los orcos, mientras Sam se queda solo como portador del anillo.

4. *El retorno del rey*: Gandalf y sus compañeros se dirigen a Minas Tirith, atacada por las hordas de Mordor y gobernada por un senescal derrotista, que cree que todo está perdido y prepara una pira para suicidarse con su hijo herido, al que Pippin consigue salvar *in extremis*. En el ataque final, Merry participa en el fin del jefe de los jinetes negros, y la llegada oportuna de Aragorn y sus compañeros decide la batalla. Entre tanto, Sam ha conseguido liberar a Frodo y los dos atraviesan Mordor para llegar al volcán donde el anillo debe ser destruido. Al fin lo consiguen, con la ayuda inesperada de Gollum, que cae al abismo de fuego con el anillo. Una vez vencido Sauron, los supervivientes de la compañía del anillo tienen que limpiar la Tierra Media de los efectos de la guerra.

11. J.R.R. TOLKIEN: «HOJA», DE NIGGLE

Algo parecido a lo que hizo C.S. Lewis con *El gran divorcio* lo intentó también Tolkien en *Hoja, de Niggle* (*Leaf by Niggle*), a saber, una descripción del Purgatorio. Se trata, por tanto, de una fantasía religiosa. Este es su argumento:

> Un pintor llamado Niggle vive en un pueblo cuyos habitantes desprecian el arte. El pintor sabe que deberá partir pronto de viaje, pero no lo prepara. Toda su atención se dirige al cuadro que está pintando, que representa un paisaje con un árbol en primer plano, cada una de cuyas hojas pinta con extremado cuidado. Pero su actividad artística

se ve interrumpida constantemente por un vecino jardinero que realmente necesita su ayuda, porque es cojo, tiene su esposa enferma, y goteras en su casa. Aunque de mala gana, Niggle le ayuda siempre, abandonando momentáneamente su cuadro. Cuando por fin se ve obligado a emprender el viaje, le llevan a un sanatorio donde tiene que realizar trabajos serviles. Después le trasladan a una casita en un paisaje idéntico al de su cuadro, donde su vecino se reúne con él y entre los dos lo embellecen. Entre tanto, en su viejo pueblo, el cuadro es utilizado para tapar goteras, hasta que no queda de él más que un trocito en el que se ve una sola hoja del árbol. Esta hoja es considerada tan lograda, que la llevan a un museo, con el mismo título que el cuento. Por fin desaparece en un incendio, y la memoria de Niggle se pierde para siempre, excepto en el lugar a donde ha ido, donde su nombre acaba asociado al de su vecino, bautizando el lugar.

La interpretación del cuento es transparente. El viaje de Niggle es la muerte. El sanatorio es el Purgatorio, que continúa de forma más dulce en la casita del campo, que para él acaba convirtiéndose en el Cielo. Niggle se salva porque supedita su arte a las exigencias de su vecino, que tienen prioridad. Su respuesta positiva a esas exigencias es la causa de que ambos queden asociados en la otra vida.

Tolkien escribió pocos cuentos cortos. Entre ellos destacan *El granjero Gilles de Ham* y *Smith de Wootton Major*. Todos me gustan, pero mi favorito entre ellos es *Hoja, de Niggle*.

12. DOS ANTROPÓSOFOS EN EL MUNDO DE LA FANTASÍA

No sabía dónde colocar este capítulo, porque la antroposofía, inventada a finales del siglo XIX por el austriaco Rudolf Steiner, es una religión poscristiana y, como tal, no debería considerarse parte del cristianismo. Sin embargo, la situación es suficientemente ambigua como para que uno de los dos seguidores de la antroposofía mencionado aquí (Owen Barfield) figure en la Wikipedia clasificado como anglicano, a pesar de haber introducido en Inglaterra la antroposofía. Además, por otra parte, Barfield fue miembro de los Inklings, el grupo literario que incluía a C.S. Lewis, J.R.R. Tolkien y Charles Williams, todos los cuales aparecen en este libro, precisamente en este capítulo.

Barfield se introdujo en el campo de la fantasía por medio de un solo cuento, *La trompeta de plata* (*The Silver Trumpet*), publicado en 1925. Cuanto Tolkien se lo leyó a sus hijos en forma manuscrita, antes de su publicación, estos se rebelaron y le pidieron sin éxito que no devolviera las cuartillas a su autor. Se cree que este cuento influyó en la determinación de Tolkien de escribir literatura infantil y juvenil.

Otra obra importante de Barfield es *Dicción poética* (*Poetic Diction*), que, publicada en 1928 y dedicada a C.S. Lewis, también influyó mucho en los Inklings. Las discrepancias entre ambos autores –Barfield y Lewis– sobre la antroposofía dieron lugar a lo que el segundo llamó «la gran guerra» (*The Great War*), una discusión filosófica entre los dos que duró mucho tiempo y que influyó en la conversión de Lewis, que al principio de la discusión se declaraba ateo.

El otro antropósofo practicante de la literatura de fantasía es el alemán Michael Ende, cuya obra más conocida en este género es *La historia interminable*, un cuento sorprendente en el que un niño lector (Bastian) da en una librería con un libro que narra su propia historia y que le lleva a un mundo de fantasía (*Fantastica*) donde encuentra a diversos seres extraños. Allí, en *Fantastica*, deberá cumplir una misión durante la cual descubre que los personajes de la obra saben que él está leyendo el libro en el que figuran las aventuras.

Ende es autor de más libros de fantasía, como la serie de *Jim Botón y Lucas el maquinista*, así como la novela *Momo*, que contiene una crítica social fulminante que despertó tanto entusiasmo como rechazo.

13. JOSÉ MARÍA SÁNCHEZ SILVA: MARCELINO PAN Y VINO

José María Sánchez Silva es, por el momento, el único autor español que ha conseguido el Premio Andersen de literatura infantil y juvenil, considerado como el Premio Nobel de este tipo de literatura. A Sánchez Silva se le concedió en 1968, principalmente por su obra más conocida, *Marcelino Pan y Vino*, publicada en 1953. Como obtuvo un éxito inmediato, Ladislao Vajda dirigió en 1955 una película con el mismo título, que ganó fama tanto en España como en el extranjero.

Marcelino Pan y Vino es un relato de fantasía religiosa. Este es su argumento:

> A las puertas de un monasterio franciscano, es abandonado un bebé recién nacido. Los frailes lo adoptan y se encargan de alimentarlo y de educarlo, aunque no tienen experiencia en esos menesteres, y pocos años después el niño les sale travieso. Siempre solo entre hombres mayores, Marcelino no tiene con quien jugar y se inventa un compañero imaginario llamado Manuel. Un día, recorriendo el monasterio, encuentra en un desván una imagen de Cristo crucificado muy realista, que había sido arrumbada allí. Tomándole por un ser de carne y hueso, le habla y el Cristo le responde. Conmovido por su soledad, le aporta pan y vino que roba de la cocina del convento. Descubierto por los frailes, le siguen hasta el desván, donde Cristo ofrece a Marcelino concederle cualquier cosa que le pida, pero él sólo pide irse a vivir con Cristo y con su propia madre, que siempre le habían dicho que está en el cielo. Abrumados por el milagro, los frailes son testigos de la muerte de Marcelino, en brazos del Cristo.

Además de la primera película, se han basado en este cuento otras tres adaptaciones con actores humanos, una italiana y dos mexicanas, así como una serie española de dibujos animados.

14. MERIOL TREVOR: SUN SLOWER, SUN FASTER

Este libro es una revisión hacia atrás de la historia de Inglaterra mediante los saltos en el tiempo que realizan los personajes principales, que son cinco. No es una novela de ciencia-ficción, pues no existe una máquina del tiempo y los saltos temporales se hacen por acción de la «magia».

Hay un hilo conductor a lo largo de la novela: la conversión al catolicismo de tres de los personajes principales. Esto se ve claramente en los saltos en el tiempo tercero a quinto: dos saltos hasta el año posterior y anterior a la deposición del rey Jacobo II, y otro hasta la época de Isabel I; y en el último salto, que llega hasta la Inglaterra romana en la época de la persecución cristiana de Diocleciano. Y sobre todo en el último capítulo, cuando una visión a la luz del sol, en lo alto del túmulo de un jefe britano, les muestra la imagen del Cordero de Dios.

Como era de esperar, el quinto salto temporal, que lleva a los protagonistas al tiempo de Isabel I de Inglaterra, trata sobre la persecución a los sacerdotes católicos, un tema que Robert Hugh Benson aborda con mucho más detalle en una novela histórica, *Come Rack! Come Rope!* (*¡Venga el potro! ¡Venga la cuerda!*), cuyo título remite a la manera bárbara en que la Inglaterra de Isabel ejecutaba a los sacerdotes católicos descuartizándolos en vivo. Mucha gente no sabe que santo Tomás Moro fue condenado a este tipo de muerte, aunque Enrique VIII se lo conmutó por la decapitación, por tratarse de un amigo personal suyo (¡¿?!). En cambio, todo el mundo habla mal de la Inquisición española, cuando esta institución actuaba en más países, y era un sistema judicial que trataba de proteger a los acusados, hasta el punto de que muchos reos de la justicia civil intentaban ser transferidos a la jurisdicción de la Inquisición, porque la consideraban mucho más indulgente. Pero, claro, aquí actúa la leyenda negra antiespañola.

Creo que este libro está bastante influenciado por *La casa de Arden* (*The House of Arden*) de Edith Nesbit. Tras releer el libro de Nesbit, esa impresión se confirmó. Se parecen en la idea principal: dos niños que viajan en el tiempo a diferentes épocas de la historia de Inglaterra y se identifican con algunos de sus antepasados. Además, hay varias tramas similares, como un escondite para sacerdotes en el que se oculta una persona y los niños que buscan (y en este caso encuentran) algo escondido en este agujero desde tiempos anteriores.

En general, el libro de Trevor me gustó más que el de Nesbit. Por un lado, estos niños, cuando viajan al pasado, no saben qué está pasando hasta que alguien se lo explica, y tampoco pueden predecir lo que va a pasar. Los niños de Nesbit saben demasiado y parlotean demasiado sobre el futuro.

Ya que he mencionado a E. Nesbit; diré que esta escritora tiene muchos libros de fantasía. Los principales son la trilogía formada por *Cinco niños y esto* (*Five Children and It*), *El fénix y la alfombra* (*The Phoenix and the Carpet*) e *Historia de un amuleto* (*The Story of the Amulet*), el tercero de los cuales influyó en *El sobrino del mago* de C.S. Lewis. Otros dos son *El castillo encantado* (*The Enchanted Castle*) y el libro ya citado, *La casa de Arden*.

Lo que me impide dedicar a Nesbit un apartado propio es el hecho de que sus libros no tienen connotaciones religiosas. Aunque la autora se convirtió al catolicismo, no parece que lo practicara después.

15. PHILIPPA PEARCE: EL JARDÍN DE MEDIANOCHE

Philippa Pearce se hizo famosa con *El jardín de medianoche* (*Tom's midnight garden*), cuyo protagonista es un niño que se aburre en casa de sus tíos, pero descubre una forma mágica de pasar a otro tiempo y encuentra una compañera de juegos en una niña huérfana que vivió en la misma casa muchos años antes.

Su presencia en el pasado no es perfecta; la niña lo ve, pero otras personas no, con la excepción del viejo jardinero, que si bien al principio le toma por un demonio, se convence de que no lo es cuando un día encuentra a los dos niños leyendo juntos la Biblia. «Porque –piensa el jardinero– un demonio jamás leería la Biblia».

Las visitas del protagonista al tiempo pasado se repiten, pero cada vez se encuentra en un tiempo diferente y ve crecer a su amiga, que va perdiendo interés por él, porque al volverse adulta empiezan a interesarle otras cosas y otras personas.

El final del libro es sorprendente: la magia surgía de los recuerdos de una anciana, la dueña de la casa en la que están alquilados los tíos del protagonista, que vive en el piso de arriba, se encuentra sola, y busca consuelo rememorando el pasado.

Philippa Pearce es también la autora de varias colecciones de relatos de fantasmas, y otros realistas, de excelente construcción. Entre los que he leído, los que más me han gustado son los siguientes:

- *La reunión de la señora Chamberlain* (*Mrs. Chamberlain reunion*), en el que la mayor parte de los fantasmas son gatos y todavía se sienten atraídos por los ratones.
- *Transparencia temprana* (*Early Transparent*) es una historia conmovedora sobre dos abuelos, su nieto y una niña refugiada.
- *La piña de abeto* (*The Fir Cone*) es otra historia conmovedora sobre los efectos que produce en los niños el divorcio de sus padres.
- *Jim el Quieto y Jim el Silencioso* (*Still Jim and Silent Jim*), una historia conmovedora sobre una relación muy especial entre un abuelo sordo y lisiado en su silla de ruedas y su nieto.
- *La jaula de sombra* (*The shadow cage*), una extraña historia de brujas en la que no nos enteramos de quiénes son los que silban.
- *Ojos negros* (*Black Eyes*), sobre una niña que odia a su osito de peluche.
- *¿Quién tiene miedo?* (*Who's afraid*), sobre una bisabuela centenaria, sorda, ciega y paralítica, que según sus descendientes adultos no sirve para nada, pero que consigue salvar de su enemigo a uno de sus bisnietos.

16. MADELEINE L'ENGLE: *CRONOS* Y *KAIRÓS*

Una autora de literatura juvenil bastante famosa en los Estados Unidos es Madeleine L'Engle, que ha escrito libros realistas, de fantasía y de ciencia-ficción, aunque las tres líneas tienden a mezclarse. Cristiana protestante episcopaliana practicante, al igual que George MacDonald, era universalista, es decir, creía que la salvación llegará finalmente a todos.

Para distinguir sus novelas realistas de las de fantasía y ciencia-ficción, L'Engle distinguía dos conceptos del tiempo: *cronos*, el tiempo normal, cuantitativo, que transcurre para todos nosotros; y *kairós*, que en la teología cristiana se asocia al *tiempo de Dios*, que no es cuantitativo, sino cualitativo.

Entre sus libros más conocidos del tipo *cronos*, destaca la serie de los Austin, que comprende cinco libros: *Meet the Austins*, *The Moon by Night*, *The Young Unicorns*, *A Ring of Endless Light* y *Troubling a Star*. Esta serie no ha sido publicada en España. De estos cinco libros, el tercero se sitúa a caballo entre *cronos* y *kairós*, pues a sus protagonistas les ocurren algunas cosas fuera de lo normal.

En cambio, la serie del *Quinteto del viento*, formada también por cinco libros, sí ha sido traducida al español: *Una arruga en el tiempo*, *Una grieta en el espacio*, *Un planeta a la deriva*, *Un torrente de aguas turbulentas* y *Un momento aceptable*. Estos libros, situados a mitad de camino entre la fantasía y la ciencia-ficción, tienen como protagonistas a la familia Murry, formada por los padres y cuatro hijos: Charles Wallace, un niño superinteligente que se ve envuelto en aventuras extrañas a través del tiempo y del espacio, en este y en otros planetas; Meg, que acompaña a Charles, junto con su futuro marido, Calvin O'Keefe; y los gemelos Sandy y Dennys.

Después de su matrimonio, Meg y Calvin forman la familia O'Keefe. Esta tiene su propia serie, formada por tres volúmenes que quizá podrían situarse a mitad de camino entre las líneas de *cronos* y *kairós*.

Aparte de sus novelas, Madeleine L'Engle ha publicado también libros de ensayo y autobiografía, entre los que destacan los cuatro *Diarios de Crosswick* y un libro de enfoque religioso, titulado *Walking on Water: Reflections on Faith and Art* (*Caminando sobre el agua: Reflexiones sobre la fe y el arte*). Estos libros tampoco se han publicado en España.

17. CONEJOS PARLANTES

Los conejos son animales que resultan bastante simpáticos a los seres humanos. Clasificados al principio con los roedores, se les ha concedido un orden independiente, los *lagomorfos*, que además de los conejos y las liebres incluyen también a los picas o conejos de roca.

En la literatura anglosajona hay tres libros sobre conejos especialmente memorables:

Perico el Conejo Travieso (*The Tale of Peter Rabbit*), de Beatrix Potter, el primero y quizá el más conocido de los veintitantos cuentos infantiles sobre animales parlantes ilustrados por ella misma y publicados entre 1902 y 1930.

La colina de Watership (*Watership Down*) de Richard Adams, publicado en 1972, que se centra en las andanzas de un grupo de conejos en busca de un sitio donde construir una nueva madriguera, y de sus esfuerzos por hacerla viable, porque ninguno de ellos es hembra. Además de hacer hablar a sus conejos, Adams introduce algún otro elemento de fantasía, como un conejo clarividente, además de los cuentos que se cuentan unos a otros para pasar el rato o enfrentarse a situaciones difíciles, en los que un conejo mítico llamado *El-ahrayrah* es siempre el protagonista. Los conejos de este libro tienen una religión, pues asignan caracteres divinos al sol (*Frith*), que incluso se aparece en sueños a los personajes de sus mitos. Un conejo ajeno a su grupo, *Vulneraria*, se ha convertido en dictador de una sociedad de conejos al estilo de Hitler, con la que los protagonistas se enfrentan para robarles las hembras que necesitan. Después de vencerle, uno de los conejos dice esto de él: «Se empeñaba en hacer algo que Frith nunca quiso que hicieran los conejos (o sea, luchar)». Adams, en cualquier caso, ha negado que su libro tenga intenciones simbólicas, religiosas o políticas.

El rescoldo verde (*The Green Ember*) de S.D. Smith, una tetralogía reciente (2015 a 2020) cuyos conejos dan un paso más en el camino hacia la humanización, pues, además de hablar, van armados de espadas y flechas, y visten como seres humanos, aunque no son los únicos, pues sus enemigos, los lobos, también usan ropa. En realidad, si en estos cuentos se sustituyeran los animales por seres humanos, las novelas no cambiarían mucho, salvo por el hecho de que los lobos son más grandes que los conejos, lo que permite a estos refugiarse en cuevas con entradas pequeñas.

El autor de esta serie reconoce a Tolkien como su mentor, y ha enfocado sus libros del mismo modo, haciendo que la obra describa la eterna lucha entre el bien y el mal. Igual que en *El señor de los anillos*, el catolicismo del autor no se ve con claridad en las aventuras; hay que deducirlo. Igual que Tolkien, S.D. Smith niega que su obra sea una alegoría.

El propio Smith compara su serie con *La colina de Watership*[2]. Humildemente dice que es como comparar una chocita construida con piezas de LEGO con el Taj Mahal. En realidad, ambos libros difieren; sólo se parecen porque los protagonistas son conejos. Como señala un lector de la serie de Smith, en el libro de Adams los protagonistas tienen que ser conejos, mientras que aquí pasa como en la obra de Tolkien: orcos, elfos, enanos y hobbits podrían ser humanos sin que el argumento cambiara demasiado.

---

2   https://sdsmith.com/isnt-the-green-ember-like-watership-down/, visitado el 13/4/2025.

18. J.K. ROWLING Y HARRY POTTER

La serie de Harry Potter, de la escritora británica J. K. Rowling, se convirtió en el fenómeno editorial más espectacular de las postrimerías del siglo xx y los principios del xxi. En las entrevistas que concedió, la autora no oculta su cristianismo y reconoce que su principal influencia fueron las *Crónicas de Narnia* de C.S. Lewis.

Las referencias cristianas saltan a la vista si se sabe buscarlas. Veamos algunas:

1. En el segundo libro de la serie, *Harry Potter y la cámara secreta*, Harry se enfrenta a su archienemigo Voldemort en la cámara secreta, escondida en las profundidades de la Tierra, bajo el castillo de Hogwarts, para salvar a Ginny Weasley, raptada por un basilisco. En su lucha contra el monstruo, cuando parece haber sido vencido, Harry recibe la ayuda inesperada del ave fénix, que le ha sido enviada por Dumbledore, benévolo director de la escuela.

   No es difícil establecer un paralelismo entre la historia que cuenta Rowling y el mensaje cristiano. La cámara secreta es el mundo; el basilisco, el pecado; Voldemort, el diablo; el rapto de Ginny Weasley, el pecado original; Harry representa a la humanidad caída. En su lucha contra el mal, el hombre sólo puede vencer con la ayuda de Cristo, enviado por Dios Padre para salvarle. El paralelo tiene que ser consciente. Durante la Edad Media, la mítica ave fénix era considerada un símbolo de Cristo, pues se decía que cada cierto tiempo se inmolaba voluntariamente arrojándose al fuego, para luego renacer de sus cenizas. Rowling demuestra en sus libros un dominio tan grande de la cultura medieval, que no es posible que se le haya escapado esta relación.

2. En el séptimo libro, *Harry Potter y las reliquias de la muerte*, Harry visita la tumba de sus padres y la de la familia

de Dumbledore en el cementerio de Godric's Hollow. En cada tumba hay una inscripción: «Donde está tu tesoro, allí estará tu corazón» (Mat. 6:21), y «El último enemigo vencido será la muerte» (I Cor. 15:26). Las dos tienen relación estrecha con el argumento de la novela, pero ante la ignorancia religiosa que reina en nuestra sociedad, temo que pocos lectores se habrán dado cuenta de que son citas del Nuevo Testamento.

3. El enfrentamiento final entre Harry y Voldemort en el séptimo libro es una descripción explícita y clarísima del mensaje cristiano. En los últimos capítulos, Harry se entrega inerme a su enemigo, ofreciendo su vida para salvar a sus amigos. Muere, desciende a los infiernos (la estación de King's Cross, donde se encuentra con Dumbledore y tiene una visión del estado espiritual futuro de Voldemort) y resucita. Sólo entonces, después de su sacrificio, es capaz de vencer a su enemigo en un encuentro directo. En este caso, al revés que en el segundo libro, es el propio Harry quien desempeña el papel de Cristo.

Como en el caso de *El señor de los anillos* o las *Crónicas de Narnia*, tampoco la serie de Harry Potter es una alegoría. Buscar significado a cada uno de sus elementos sería buscarle tres pies al gato.

19. LOIS MACMASTER BUJOLD: LA MALDICIÓN DE CHALION

Lois McMaster Bujold es una autora que aborda temas morales importantes en sus libros de fantasía y ciencia-ficción. Su famosa serie de Vorkosigan, perteneciente a este último género, puede considerarse, como veremos, como un alegato contra el aborto.

La maldición de Chalion, escrita por Lois McMaster Bujold, es una de las mejores novelas de fantasía de las últimas décadas.

Pertenece a esa categoría rara a la que también pertenecen *El señor de los anillos* de Tolkien, *Perelandra* de C.S. Lewis, *Cántico a san Leibowitz* de Walter M. Miller Jr. u *Órbita ilimitada* de Poul Anderson, obras que combinan una interesante trama de aventuras con importantes dilemas éticos y preguntas profundas sobre la naturaleza del hombre y de Dios.

En esta novela, tan hábilmente diseñada como su saga de ciencia-ficción sobre Vorkosigan, Lois McMaster Bujold ha llevado más lejos los límites de la subcreación, tal como la define Tolkien en su artículo *On fairie stories*. No sólo nos presenta un universo imaginario coherente, sino también un Dios extraño, diferente al cristiano, pues en lugar de tres personas tiene cinco.

Cazaril, el héroe, es claramente una figura de Cristo. Su muerte se convierte en la puerta entre los mundos, a través de la cual una de las personas divinas irrumpe en el de la materia para levantar la maldición de Chalion, una especie de pecado original. En cierto sentido, incluso, resucita. Este paralelo, sin embargo, no fuerza la lógica de la novela, sino que se incrusta en ella de forma natural. Se podría decir que ocurre al revés: la trama define el mensaje y le insufla la forma apropiada para el mundo que describe, demostrando la maestría literaria de la autora.

El libro está salpicado de perlas dignas de ser recordadas. Veamos unas pocas:

> Para un hombre de cierta edad (…) todas las jovencitas empiezan a parecer una delicia. Es el primer síntoma de senilidad.

> [Dios] no hace milagros para nuestros propósitos, sino para [los suyos].

> La oración, comenzó a sospechar… consiste en poner un pie delante del otro. Seguir moviéndose.

> [Dios está] de nuestra parte (…) ¿Podemos fracasar? (…) Sí (…) Y si fracasamos [Dios fracasa] también.

La maldición de Chalion está basada (libremente) en una parte de la historia española, los preliminares del reinado de los Reyes Católicos. Los siguientes indicios apuntan a esta conclusión:

El mapa de Chalion y de los países vecinos, que no aparece en la novela pero sí en su continuación, *Paladín de almas*, es el mapa de España vuelto del revés. Su nombre, la *Península de Ibra*, es una simple modificación de la península ibérica.

En el mapa, Chalion ocupa el mismo espacio que Castilla; Ibra es Aragón; Brajar es Portugal; Yiss es Navarra (los cuatro reinos en que se dividía la península ibérica en ese momento, además del reino nazarí de Granada, representado aquí por varios reinos heréticos). Incluso aparecen las islas Baleares, un poco desplazadas de su verdadera posición.

El rey de Chalion (Orico) tiene dos medio hermanos: Iselle y Teidez. El rey de Castilla hasta 1474 (Enrique IV) tenía dos medio hermanos: Isabel y Alfonso. Nótese la similitud: *Orico-Enrique, Iselle-Isabel*.

Orico, que parece ser estéril, obliga a su mujer a acostarse (sin éxito) con su canciller Dy Jironal y con su hermano. De igual manera, Enrique IV de Castilla fue acusado por sus enemigos de ser impotente y de haber engendrado a su hija, Juana la Beltraneja, por intermedio de su favorito, Beltrán de la Cueva.

El castillo que aparece en una de las portadas del libro es el Alcázar de Segovia, la sede del gobierno de Enrique IV de Castilla.

En los capítulos 11 y 14, mientras se discuten posibles matrimonios para Iselle, se menciona al rey de Brajar. Iselle se niega porque es mucho mayor que ella. En Castilla, Enrique intentó casar a Isabel con Alfonso V de Portugal, que era veinte años mayor que ella. Isabel lo rechazó.

Iselle es prometida por Orico a Dondo Dy Jironal, el lujurioso hermano de su canciller. Igualmente, Enrique IV de Castilla ordenó a Isabel casarse con don Pedro Girón, lujurioso hermano del marqués de Villena, jefe del partido de los nobles. Dondo y Pedro murieron repentinamente en circunstancias dudosas poco antes de la boda. Nótese también la similitud *Jironal-Girón*.

Cuando muere accidentalmente Teidez, heredero de Orico, Iselle se convierte en la heredera. De igual manera, cuando el príncipe Alfonso murió en 1468, Isabel fue aceptada como heredera por el partido de los nobles y por el rey.

En la novela, Iselle se casa en secreto con Bergon, heredero de Ibra. En 1469, Isabel de Castilla se casó en secreto con Fernando, heredero de Aragón (nótese la similitud *Bergon-Aragón*).

Iselle deja el Zangre, donde estaba vigilada, utilizando como excusa su deseo de visitar a su madre, que se supone que está loca. Una vez con ella, Iselle escapa a caballo y busca refugio en la ciudad de Taryoon, gobernada por su tío, donde se casa con Bergon. De la misma manera, Isabel de Castilla salió de Ocaña, donde estaba vigilada por orden de su hermano el rey, utilizando como excusa su deseo de visitar a su madre, a quien se suponía loca. Una vez con ella, Isabel escapó y buscó refugio en la ciudad de Valladolid, gobernada por Enrique de Trastámara, su pariente. Allí se casó con Fernando.

Entre las condiciones de la boda, la novela afirma que Bergon no será rey de Chalion; sólo rey de Ibra. Iselle, por su parte, será reina de Chalion. Su progenie heredará los dos reinos («un imperio», en palabras de Cazaril). De manera similar, Isabel no abandona el gobierno de Castilla a Fernando. Ambos fueron considerados iguales en el gobierno. Su nieto fue Carlos V, emperador del Sacro Imperio Romano.

Hay muchos otros paralelos: *Betriz-Beatriz*; la guerra civil en Ibra; *Dy Lutez-de Luna*... Pero con esto basta.

20. MANUEL ALFONSECA: MIS OBRAS DE FANTASÍA

Entre mis treinta y tantas novelas, hay nueve que pueden clasificarse como fantasía:

El Zahir de Quetzalcoatl, primera entrega de la serie de cinco novelas policiacas *Los sabuesos de la Transición*, tiene carácter mágico-realista. Las otras cuatro novelas de la serie ya no lo tienen; son novelas de misterio ordinarias, sin sucesos excepcionales. En la primera, en cambio, el hallazgo de un trozo de carta antigua en un libro de una biblioteca lleva a que los dos protagonistas se conozcan y se enamoren, mientras investigan juntos el misterio que rodea al *Zahir de Quetzalcoatl*, un objeto misterioso que, según la carta, podría poner en peligro a la humanidad.

Las crónicas del rompecabezas mágico: una serie de cinco novelas cuya acción tiene lugar en un mundo imaginario. Inspirada remotamente en las *Crónicas de Narnia*, la serie está compuesta por los cinco libros siguientes: *El viaje de Tivo el Arriesgado*, *El misterio del Lago Negro*, *La odisea del cisne de plata*, *El secreto del campo de hielo* y *El continente perdido*. La historia de este mundo está más cerca del nuestro que la del mundo de C.S. Lewis.

La aventura de Sir Karel de Nortumbria. Inspirada en la leyenda del rey Arturo y sus caballeros, un joven de la actualidad se traslada a un mundo de fantasía, donde participa en la búsqueda del Santo Grial.

Ennia, la historia de una niña que viaja al país de Faerie, donde se enfrenta a un dragón terrible con ayuda de varios amigos que va encontrando por el camino. Antes de entrar en Faerie, se le entrega una especie de cubo mágico con pantalla que, cuando ella formule algún deseo, le dirá si se le concede o no, y por qué, con frases como «no debes pedir cosas que puedas obtener por ti misma» o «una vez formulado un deseo no es posible deshacerlo». Ennia es una representación simbólica (no alegórica) de la vida humana.

Finalmente, mi novela histórica *Mano escondida*, cuya acción tiene lugar en la última década del siglo XVII en Europa y Norteamérica, contiene un elemento de realismo mágico. En uno de sus capítulos se revisan las teorías medievales respecto a los *longaevi*, seres fantásticos como duendes, elfos y ogros.

GENERALIDADES DE LA CIENCIA-FICCIÓN

21. LAS REGLAS DE ORO DE LA CIENCIA-FICCIÓN

Como en toda obra literaria, el estilo es, o debería ser, un ingrediente fundamental para juzgar una novela de ciencia-ficción, pero el carácter especial del género añade criterios adicionales. Por muy buena que sea su construcción, una novela de ciencia-ficción no podrá ser excelente si introduce o utiliza elementos científicos mal explicados, absurdos o carentes de sentido.

En 1974, Isaac Asimov, en un artículo de divulgación publicado en *The Magazine of Fantasy and Science Fiction*, titulado «O Keen Eyed Peerer into the Future» (1974), en paralelo con sus tres leyes de la robótica, formuló *las tres leyes de la futúrica*. Basándome en ellas, como no me siento obligado a mantener el número mágico de tres leyes, me ha parecido mejor reducirlas a dos. Una de ellas, la segunda, es la tercera de Asimov. La primera es original mía. Estas son mis reglas de oro de la buena literatura de ciencia-ficción:

1. *Cualquier afirmación científica (incluso una predicción) debe ser compatible con la ciencia actual.* No sería, por tanto, buena ciencia-ficción una novela en la que se consiguiera la cuadratura del círculo con regla y compás, porque se ha demostrado matemáticamente que es imposible. Una novela así no demostraría la imaginación del autor, sino su ignorancia.

2. *Predecir consecuencias sociales es mejor que predecir adelantos técnicos.* Así, en una novela hipotética escrita en el siglo XIX, mejor que limitarse a predecir el automóvil sería predecir el problema del aparcamiento. Un ejemplo de este tipo de buena ciencia-ficción, que Asimov menciona, es el cuento de Robert Heinlein *Solución insatisfactoria,* que, escrito en 1941, no sólo predijo la bomba atómica como medio para acabar la Segunda Guerra Mundial (en la que los Estados Unidos aún no tomaban parte), sino también el equilibrio posterior entre las grandes potencias y la amenaza permanente de una guerra de exterminio.

La segunda ley es evidente. Aquí me voy a limitar a comentar la primera.

Cuando el argumento se refiere a un futuro más o menos remoto, se podría pensar que el autor de una obra de ciencia-ficción tendrá libertad para inventar una ciencia que aún no existe. No siempre es así. No es correcto, por ejemplo, describir viajes por el espacio más rápidos que la velocidad de la luz sin hacer referencia a algún truco científico imaginario que permita conseguirlo. El límite inalcanzable de la velocidad de la luz para el movimiento de los objetos materiales, comprobado por la física del siglo XX, se ha convertido en un impedimento serio para la novela de ciencia-ficción, pues dificulta los viajes a las estrellas. Para construir argumentos, a veces se postulan descubrimientos futuros, como el hiperespacio (dimensiones adicionales), el universo de los taquiones (partículas hipotéticas de masa imaginaria que viajarían siempre a velocidades superiores a la de la luz), o la utilización de agujeros negros para trasladarse a grandes distancias en el espacio o incluso en el tiempo. Estos artificios son válidos, porque se apoyan en ideas científicas que, aunque no han sido confirmadas, no se oponen a los principios básicos de la ciencia.

A veces puede parecer, a primera vista, que la base científica de una novela es errónea, pero al profundizar se descubre que en realidad estaba bien construida. Algo así pasa con la trilogía del *Ciclo de las tierras*, de Jordi Sierra i Fabra. En el segundo libro, las naves que viajan a la Tierra llegan a esta en tiempos impredecibles: a veces pasan años, a veces siglos, a veces milenios; todas ellas, sin embargo, regresan a su punto de origen unos pocos años después de haber partido. Al leerlo, pensé que el autor no había entendido las teorías de la contracción temporal de Einstein, pero el enigma quedó explicado en el tercer libro, cuando se aclara que los viajes se realizan a través de un agujero negro. La teoría que aplica el autor no está comprobada, pero no contradice los elementos básicos de la ciencia. Se trata, por tanto, de un ejemplo de buena ficción científica.

A veces los autores cometen errores científicos, como Joan Manuel Gisbert en *El misterio de la isla de Tökland*, cuando el protagonista se comunica por radio con un barco desde el fondo de una gruta, pues las ondas de radio no atraviesan ni la tierra, ni el agua. O como Liu Cixin en *El problema de los tres cuerpos*, como explicaré en la sección 69. Las tergiversaciones científicas son peligrosas, porque los lectores poco informados pueden llegar a creer que ciertas cosas falsas son verdad.

Aunque la base científica sea correcta, un libro puede resultar poco satisfactorio si los personajes se comportan de forma estúpida sin motivo razonable, como ocurre en *The Terminal Man* de Michael Crichton. La ciencia utilizada en el libro es correcta, pero no se explica en absoluto el error tremendo cometido por los médicos.

La novela *Caballo de Troya*, de J. J. Benítez, ofrece un ejemplo de utilización incorrecta de la ciencia, más evidente por cuanto el autor emplea un truco antiquísimo, recurrente desde hace milenios en la literatura universal para aumentar la verosimilitud de una obra de ficción a los ojos del lector y rebajar su nivel de incredulidad: añadir a la novela un prólogo que afirma que todo lo que se cuenta en ella ha ocurrido en realidad. No es frecuente que los lectores muerdan el anzuelo, pero en este caso más de uno se lo ha creído.

Se supone que el narrador de *Caballo de Troya* ha viajado hacia atrás en el tiempo, desde nuestra época hasta la de Cristo. Entre los artilugios modernos de que dispone, el narrador menciona unas gafas de rayos X con las que observa los huesos de Cristo crucificado. ¿Son posibles esas gafas en el estado actual de la tecnología? Para ver los huesos de una persona que tenemos delante, hay dos alternativas: o bien los rayos X atraviesan su cuerpo desde atrás, o bien el generador está delante, pero entonces hay que desviar los rayos para que regresen a los ojos del observador. En ambos casos se requerirían dispositivos complejos que el autor no menciona, seguramente porque ignora su necesidad, ya que su idea de esas gafas deriva probablemente de la visión de rayos X de Superman, un artificio de tebeo sin pretensiones científicas.

22. PREHISTORIA DE LA CIENCIA FICCIÓN

En los primeros años del siglo xx se produjo una verdadera proliferación de títulos que dio lugar al reconocimiento de un género literario que los norteamericanos llamaron *science fiction*, nombre que se tradujo incorrectamente al castellano como «ciencia-ficción». Habría sido más correcto llamarlo «ficción científica», pero el otro término ha cuajado y ya es definitivo.

Pero las novelas de ciencia-ficción, entendidas como obras que utilizan la ciencia (especialmente sus avances futuros) como elemento esencial del argumento de una novela, son muy antiguas. Suele considerarse creador del género a Luciano de Samósata, escritor satírico sirio del siglo II que en una de sus obras (*Vera Historia*) relata un viaje de la Tierra a la luna en un barco que, elevado por una tromba de agua, es lanzado al espacio. La luna está habitada por una civilización avanzada que ha cruzado el espacio y está en guerra con los habitantes del sol a propósito de la colonización del planeta Venus. Puesto que se ignoraba la existencia del vacío interplanetario, Luciano no se plantea explicar cómo podían sus personajes respirar durante el viaje.

En 1656 se publicó la *Historia cómica de los estados e imperios de la Luna*, del escritor francés Savinien Cyrano de Bergerac. En esta obra el autor discute varios métodos para realizar viajes interplanetarios, tan curiosos como impracticables. Al final, su protagonista utiliza un vehículo impulsado por cohetes, que fue precisamente el sistema que nos llevó a la luna más de tres siglos después. El vehículo de Cyrano es abierto. El autor cree aún que el espacio interplanetario está lleno de aire. Sin embargo, la obra se publicó nueve años después de que Blaise Pascal demostrara que la presión atmosférica disminuye con la altura, lo que prueba que la atmósfera de la Tierra sólo llega hasta cierta distancia, sin llenar todo el universo. Caía así por tierra la afirmación de Aristóteles de que *la naturaleza tiene horror al vacío*. En este caso la ciencia se adelantó a la ciencia-ficción.

Durante los siglos XVIII y XIX se planteó en serio la posibilidad de acometer vuelos tripulados a la luna y los planetas. La posible existencia de «vida en otros mundos» saltó al primer plano. Como la luna es el astro más próximo a nosotros, la atención se centró en ella. En agosto de 1835, el diario *Sun* de Nueva York publicó una serie de seis reportajes falsos en los que atribuía al astrónomo inglés sir John Herschel importantes descubrimientos desde su observatorio de Ciudad del Cabo. Según el periódico, Herschel habría observado en la luna «plantas, animales y hombres voladores con alas membranosas», como las de los murciélagos. Estos reportajes causaron sensación y la tirada del *Sun* batió todas las marcas de la época. Se dice que nueve de cada diez estadounidenses creyeron esta historia. Lo que en realidad hizo el *Sun* fue publicar una novela de ciencia-ficción como si se tratara de hechos reales y con referencias a personas existentes.

Frankenstein, obra de Mary Shelley, a menudo se considera la primera novela de ciencia-ficción moderna. Publicada en 1818, introduce un subgénero especial de la ciencia-ficción, la construcción de seres humanos artificiales a partir de partes de cadáveres. La autora se inspiró en los experimentos de Galvani con las ranas, que permitieron a este científico descubrir la *electricidad animal*: los nervios de los animales conducen la electricidad, que provoca el movimiento de los músculos. Es verdad que la obra no menciona la electricidad como medio para infundir vida al monstruo, pero todas sus adaptaciones cinematográficas han dado ese paso, y los experimentos de Galvani con ranas muertas cuyas patas se contraían al ritmo de los relámpagos estaban demasiado cerca para que Mary Shelley los ignorara. De hecho, Victor Frankenstein menciona el galvanismo en el segundo capítulo y añade que le impresionan las tormentas con aparato eléctrico.

Otro de los grandes pioneros fue E.T.A. Hoffmann, uno de cuyos cuentos, *El hombre de arena*, gira alrededor de un autómata humanoide. A partir de ahí, las producciones de este género proliferaron de forma acelerada.

A mediados del siglo xix se conocía la ausencia casi total de atmósfera y de agua en la luna, pero los autores de novelas imaginativas deseaban una luna habitada por seres inteligentes. En 1865, Julio Verne publicó sus novelas *De la Tierra a la Luna* y *Alrededor de la Luna*, que describen un viaje a nuestro satélite. El medio empleado (un proyectil lanzado por un cañón) es impracticable. Aparte de la dificultad de construir un cañón tan potente, los viajeros habrían sido aplastados por la aceleración inicial del lanzamiento. Verne deja abierta la posibilidad de la existencia de vida en la cara oculta de la luna, apoyándose en ciertas teorías que afirmaban que allí podría haber aire y agua. Fue necesario un siglo para comprobar que esta esperanza no era real.

Además del viaje a la luna, Verne escribió más obras de cienciaficción, aunque en su época el nombre del género aún no existía. Así, el submarino Nautilus de *20.000 leguas de viaje submarino* (1869) se adelantó a la técnica de su tiempo, pero la idea de un vehículo submarino no era nueva, pues en 1859 Narcis Monturiol botó con éxito su Ictíneo. La influencia de Verne sobre la ciencia moderna fue reconocida por el hecho de que el primer submarino nuclear, botado en 1954, recibiera precisamente el nombre de Nautilus, que a su vez es el nombre de un molusco cefalópodo marino.

En una obrita poco conocida, publicada en 1889 (*En el siglo XXIX*), Julio Verne hizo un gran número de anticipaciones científicas, aunque afirmaba que tendríamos que esperar un milenio para ver avances como la utilización práctica de la energía solar, la difusión general del teléfono, la televisión, el teléfono-visión, etcétera. La mayor parte de estos avances se han logrado sólo un siglo después de la novela. Otros, en cambio, Verne los descartó por imposibles, incluso dentro de mil años, como la abolición del resfriado y la congelación de cuerpos humanos durante largos períodos para después devolverles la vida, cosas que, en efecto, aún no se han conseguido.

A finales del siglo XIX y principios del XX, el británico H. G. Wells abordó también la literatura de predicción científica. No obstante, como sus predicciones suelen ser a plazo más largo que las de Verne y más alejadas de la técnica de su tiempo, muy pocas se han cumplido. Seguimos sin tener la máquina del tiempo y no veo posibilidades de que lleguemos a tenerla. No podemos fabricar hombres artificiales por vivisección de animales (*La isla del Doctor Moreau*). Tampoco podemos hacernos invisibles (*El hombre invisible*). Y afortunadamente no nos han invadido los marcianos (*La guerra de los mundos*). En 1938, una dramatización radiofónica de esta novela realizada por Orson Welles provocó un pánico colectivo en los Estados Unidos. A pesar del auge de la ciencia-ficción, el público seguía tan crédulo como cuando un siglo antes se dejó engañar por los artículos del *Sun*.

Wells también (cómo no) escribió sobre un viaje a la luna y pobló nuestro satélite de hormigas gigantes inteligentes, aunque la forma de realizar el viaje es más imaginativa y tan impracticable como la de Verne. Pero su gran éxito de previsión científica fue la novela *The World Set Free* (*El mundo se liberta*, 1913), de la que hablaré con más detalle en un capítulo posterior.

23. SUBGÉNEROS DE LA CIENCIA-FICCIÓN

Como género literario, la ciencia-ficción puede subdividirse en varios subgéneros, según los temas que se aborden en cada obra. Esta clasificación no es exhaustiva ni excluyente, pues una misma obra puede tocar varios temas (y por tanto pertenecer a varios subgéneros) y, además, siempre hay alguna obra difícil de clasificar, porque su tema es único y original.

Estos son los subgéneros principales:

1. La conquista del sistema solar es uno de los temas clásicos de la ciencia-ficción, aunque la exploración de la galaxia lo supera, tanto en número de obras como en la variedad de argumentos a los que ha dado lugar. Entre mis obras favoritas sobre este tema citaré las siguientes:

   - *Exploración y colonización de la luna.* Dos novelas –*De la Terre à la Lune* y *Autour de la Lune*, precuela y secuela– de Julio Verne en las que los protagonistas circunvalan la luna, pero no consiguen descender en ella, y dos cuentos cortos: *The singing bell* de Isaac Asimov y *The menace from Earth* de Robert Heinlein.

   - *Exploración y colonización de Marte.* Tres novelas –*A princess of Mars* de Edgar Rice Burroughs, *Out of the Silent Planet* de C.S. Lewis y *The Sands of Mars* de Arthur C. Clarke– y una colección de cuentos cortos: *The Martian Chronicles* de Ray Bradbury. Todas ellas son anteriores al descubrimiento de que los famosos *canales* marcianos no existen.

   - *Exploración y colonización de Venus.* Una novela, *Perelandra* de C.S. Lewis, y un cuento corto: *Planeta hermano* (*Sister Planet*) de Poul Anderson. Ambos son anteriores al descubrimiento del ambiente infernal de Venus, pues cuando fueron escritos se pensaba que podía estar cubierto de océanos. Pero lo fundamental de la novela de C.S. Lewis no es la descripción de Venus, sino las connotaciones religiosas del argumento. Y en el cuento de Anderson, como suele ocurrir en sus obras, lo importante es el problema moral al que se enfrenta el protagonista.

- *Exploración del sistema solar exterior.* Dos novelas: *Héctor Servadac* de Julio Verne, y *2001. Una odisea del espacio* de Arthur C. Clarke. Primero fue la película, en cuyo guion participó Clarke y en la que la exploración termina en Júpiter. Después se publicó la novela, en la que el protagonista llega hasta Saturno.

2. El problema de *los viajes interestelares* ha apasionado siempre a los escritores de ciencia-ficción, que han propuesto soluciones imaginativas: a) Viajar a través de una dimensión desconocida (que llaman con nombres tan sugestivos como «hiperespacio», «subespacio» y otros similares); b) viajar a velocidades muy próximas a la de la luz o incluso superiores, pasando al mundo de los taquiones; c) utilizar atajos (*wormholes* o agujeros de gusano). Uno de los subgrupos más importantes de este subgénero es el *contacto con inteligencias extraterrestres*, que si bien actualmente siempre vienen de otros sistemas estelares o habitan en ellos, en obras más antiguas procedían también de otros astros del sistema solar.

3. La *inteligencia artificial fuerte* es uno de los subgéneros más cultivados de la ciencia-ficción. Aunque no creo que el objetivo de diseñar seres inteligentes y autoconscientes artificiales sea factible, al menos en un plazo breve, en algunas de mis novelas he dado por supuesto que sí es posible para aprovechar la atracción que usualmente provoca este tema. Citaré tres de ellas: *La escala de Jacob*, *Operación Quatuor* y *Operación Viginti*. Las dos últimas pertenecen a mi serie sobre la exploración del sistema solar.

4. A veces la ciencia-ficción no plantea situaciones posibles en el futuro, sino elucubraciones sobre cuestiones concretas. El ejemplo más señero de este subgénero es *Planilandia* (*Flatland*), de Edmund Abbot, novela escrita en 1884 para analizar cómo sería un mundo bidimensional habitado por seres inteligentes, de la que ya hemos hablado en el capítulo sobre fantasía. El libro fue imitado casi un siglo después por A.K. Dewdney, que en *The Planiverse* planteó la cuestión de otra manera, haciéndola más comprensible.

5. El número de producciones de ciencia-ficción que versan sobre viajes en el tiempo es enorme. El primer cuento que pertenece sin duda a este subgénero, pues utiliza un instrumento para realizar el viaje en el tiempo, es *El reloj que marchaba hacia atrás* de Edward Page Mitchell (1881). No me gustó demasiado, porque el autor se deja arrastrar por la leyenda negra antiespañola en versión holandesa. Citaré aquí una novela corta de H.G. Wells (*The Time Machine*), una recopilación de cuentos de Poul Anderson (*Guardians of Time*), un cuento de Arthur Porges (*The Rescuer*) y dos novelas mías –*Un rostro en el tiempo* y *Más allá del agujero negro*–, la primera de las cuales introduce también otro tema clásico de la ciencia-ficción: la transferencia de materia (especialmente de seres humanos), que, como los viajes en el tiempo o la inteligencia artificial fuerte, probablemente no se alcance nunca.

24. CIENCIA Y CIENCIA-FICCIÓN: INFLUENCIAS MUTUAS

Durante el siglo XX, la ciencia-ficción ha influido a menudo en la ciencia. Veamos algunos ejemplos:

1. Uno de los temas clave de la ciencia-ficción (*la conquista del sistema solar*) ha influido e influye sobre los programas de exploración del espacio, especialmente el envío

de naves tripuladas al planeta Marte, que parece que por fin se va acercando, aunque muy despacio y con continuos retrasos. En este contexto, hay que recordar que varias novelas de Arthur C. Clarke sobre la colonización del espacio (*Prelude to Space, Islands in the Sky*) previeron correctamente los satélites de comunicaciones, las estaciones espaciales y la inundación de satélites artificiales que ya sufrimos. Claro que Clarke fue ingeniero además de escritor, y ganó la medalla de oro del instituto Franklin, porque en 1945 planificó en detalle el sistema mundial de comunicaciones por satélite.

2. El problema de *los viajes interestelares* ha influido en bastantes científicos actuales que se dedican a estudiar si alguno de estos métodos es matemáticamente posible. Si bien con ello hacen más bien ciencia-ficción que ciencia, al menos es ciencia-ficción excepcionalmente dura, pues suele ir acompañada de ecuaciones y fórmulas que muy pocos son capaces de comprender.

3. Otro de los temas fundamentales de la ciencia-ficción es el *contacto con inteligencias extraterrestres*. Desde el punto de vista científico, en esta cuestión no estamos más avanzados que hace cincuenta años, pero cabe preguntarse si todos los esfuerzos dedicados a los programas OZMA, SETI y similares se habrían acometido sin el impulso de la ciencia-ficción. Aunque también es lícito plantearse si, después de todo, todos esos esfuerzos no acabarán siendo un despilfarro inútil.

4. La *inteligencia artificial fuerte* es uno de los temas en los que la ciencia-ficción se ha adelantado siempre a la ciencia. Seguimos sin saber si ese tipo de inteligencia artificial es siquiera posible, pero la influencia de la literatura sobre la ciencia se ha plasmado de forma clara en el lenguaje científico-técnico: la palabra «robot» (que en checo

significa *trabajo*) apareció por primera vez en la obra de teatro *R.U.R.* (1920), del escritor checo Karel Capek. Y el nombre de la robótica, una rama de la tecnología, no surgió de una publicación científica, sino de una colección de cuentos (*Yo, robot*, 1950) del escritor estadounidense Isaac Asimov.

5. El concepto del multiverso (la existencia de otros universos) no surgió de la ciencia, sino de la ciencia-ficción. Su primera aparición fue en la novela de Clifford Simak *Cosmic Engineers* (1950), que desarrolla un cuento corto del mismo autor de 1939. E, inversamente, la idea del multiverso cuántico de Hugh Everett III, formulada en 1957, se aplicó en seguida en la literatura de ciencia-ficción (*October the first is too late*, de Fred Hoyle, 1966).

25. LAS TREINTA MEJORES NOVELAS DE CIENCIA-FICCIÓN QUE HE LEÍDO

Las listas de libros favoritos han existido siempre, y ahora más aún, con el auge de Internet. Por eso se me ha ocurrido difundir una lista nueva (por si no había suficientes). Lo que presento aquí es simplemente la lista de mis libros favoritos de este género.

La tabla de la página siguiente muestra la lista. Para formarla, he utilizado los siguientes criterios:

1. Sólo contiene libros que he leído.

2. Sólo contiene libros de ciencia-ficción. *El señor de los anillos*, por ejemplo, no ha sido incluido, porque no lo considero ciencia-ficción, sino fantasía.

3. No he incluido mis propias novelas de ciencia-ficción, aunque obviamente están entre las que más me han gustado del género.

4. No he intentado clasificar las novelas una a una. Las he agrupado en tres grupos. Con un sistema de clasificación de una a 5 estrellas, como los de Amazon y *Goodreads*, al primer grupo le daría 5 estrellas. Al segundo, 4,5 estrellas. Al tercero, entre 3,5 y 4 estrellas. Dentro de cada grupo, los autores aparecen por orden alfabético.

Sobre muchas de estas novelas hablaré con más detalle en capítulos sucesivos de este libro.

	NOVELA	AUTOR
1	A Canticle for Leibowitz	Walter M. Miller Jr.
	Orbit Unlimited	Poul Anderson
2	The Caves of Steel	Isaac Asimov
	The Martian Chronicles	Ray Bradbury
	Ender's Game	Orson Scott Card
	Perelandra	C.S. Lewis
3	Flatland	Edwin Abbott
	Guardians of Time	Poul Anderson
	I Robot	Isaac Asimov
	Foundation	Isaac Asimov
	Fahrenheit 451	Ray Bradbury
	The Warrior's Apprentice	Lois McMaster Bujold
	A Princess of Mars	Edgar Rice Burroughs
	At the Earth's Core	Edgar Rice Burroughs
	Xenocide	Orson Scott Card
	The Sands of Mars	Arthur C. Clarke
	Rendezvous with Rama	Arthur C. Clarke
	The Lost World	Arthur Conan Doyle
	Eifelheim	Michael Flynn
	Brave New World	Aldous Huxley
	Klara and the Sun	Kazuo Ishiguro

NOVELA	AUTOR
The Forgotten Planet	Murray Leinster
1984	George Orwell
Berserker	Fred Saberhagen
I am Margaret	Corinna Turner
Comet Dust	C.D. Verhoff
Voyage au Centre de la Terre	Jules Verne
20.000 lieues sous les mers	Jules Verne
De la Terre a la Lune y Autour de la Lune	Jules Verne
Project Hail Mary	Andrew Weil

26. LOS VEINTICINCO MEJORES CUENTOS DE CIENCIA-FICCIÓN QUE HE LEÍDO

En Estados Unidos tienen una clasificación detallada de la ficción, en función de la longitud de la obra, con cuatro etapas:

1. *Novel*, toda obra que tenga más de 40.000 palabras.

2. *Novella*, obra comprendida entre 17.500 y 40.000 palabras.

3. *Novelette*, entre 7.500 y 17.500 palabras.

4. *Short story*, con menos de 7.500 palabras.

Naturalmente, los límites no son estrictos, y en la práctica dependen de quién clasifica cada libro. En español, en cambio, tenemos menos categorías:

1. *Novela.*

2. *Novela corta*, que se aplica a obras de longitud intermedia.

3. *Cuento*, protagonizado por pocos personajes y con un argumento sencillo.

Aquí me referiré únicamente a las dos últimas categorías. Como vi que tenía muchas, para reducirla he aplicado la siguiente restricción: *de cada autor, he elegido un máximo de dos obras.*

Esta es la lista, que contiene 25 cuentos, por orden alfabético de apellidos de los autores:

AUTOR	CUENTO	FECHA
Poul Anderson	*Planeta hermano (Sister Planet)*	1959
	Turning Point	1963
Isaac Asimov	*Nightfall*	1941
	The Singing Bell	1955
Raymond E. Banks	*The Short Ones*	1955
Ray Bradbury	*The Man*	1949
	The Fire Balloons	1951
Arthur C. Clarke	*The Ultimate Melody*	1957
	Dial F for Frankenstein	1965
Anatoly Dneprov	*Los cangrejos caminan sobre la isla*	1958
Ivan Yefremov	*Naves de estrellas*	1944
Tom Godwin	*The Cold Equations*	1954
Robert A. Heinlein	*The Menace from Earth*	1957
Zenna Henderson	*Pottage*	1955
Murray Leinster	*The Aliens*	1959
Walter M. Miller Jr.	*Dark Benediction*	1951
	Conditionally Human	1953
Fred Saberhagen	*Without a Thought*	1963
James Schmitz	*Balanced Ecology*	1965
Robert Sheckley	*Human Man's Burden*	1956
	The Minimum Man	1958
Cordwainer Smith	*Scanners Live in Vain*	1950
	The Game of Rat and Dragon	1956
Theodore Sturgeon	*Thunder and Roses*	1947
A.E. van Vogt	*Black Destroyer*	1939

Ocho de estos cuentos pertenecen al subgénero del primer contacto con extraterrestres; cuatro al de la exploración del sistema solar; cuatro al de la exploración interestelar; tres al de la inteligencia artificial; una al subgénero apocalíptico; y cinco a otros temas.

Los cuentos de Poul Anderson que más me gustan son los que plantean dilemas morales importantes. Esto ocurre especialmente en la que para mí es su mejor novela, *Orbit Unlimited*, que está formada por cuatro historias breves reunidas, pero, como en el apartado anterior cité el libro entero, aquí las he excluido. En su lugar he colocado otros dos cuentos que van en la misma línea.

De algunos, como Isaac Asimov y Arthur C. Clarke, tenía más obras entre las que elegir, pero como mi decisión era irrevocable, tuve que escoger sólo dos. En el caso de Clarke, opté por elegir las que he citado más a menudo. Una de ellas, *La melodía definitiva* (*The Ultimate Melody*), pertenece a la colección *Tales from the White Hart*, historias increíbles contadas por un científico en reuniones de bebedores en una taberna inglesa, al estilo de los cuentos sobre Mr. Mulliner de P.G. Wodehouse. Este cuento lo he mencionado en la primera novela de mi serie *Los sabuesos de la Transición*, titulada *El Zahir de Quetzalcoatl*.

El cuento de Raymond Banks *The Short Ones* fue una de las influencias de mi novela de ciencia-ficción *La escala de Jacob*.

Se observará que todos los cuentos de la lista, sin excepción, pertenecen a lo que se ha dado en llamar «edad de oro de la ciencia-ficción» (1939-1965). Uno de esos cuentos, el de van Vogt, se cita a menudo como el que estrenó esta edad de oro, aunque otros han adjudicado ese honor al cuento de John W. Campbell Jr. *Who goes there?*, en el que se basó la famosa película de 1951 *El enigma de otro mundo* (*The Thing from another world*).

Por supuesto, cada uno tiene su propia lista y raras veces coinciden.

CIENCIA-FICCIÓN CRISTIANA

27. EDWARD BELLAMY: CIENCIA-FICCIÓN FILOSÓFICA

Edward Bellamy es un autor de ciencia-ficción de finales del siglo xix cuyas obras están cargadas de connotaciones filosóficas. Descendiente de una serie de pastores baptistas que se remontaba hasta su tatarabuelo, Bellamy se dio de baja de la iglesia baptista en 1882. Mantuvo su fe en Dios, pero no en los hombres. Su problema no parece haber sido la religión, sino la hipocresía de sus contemporáneos. A menudo se lo considera *socialista cristiano*, pero a él no le gustaba este término; prefería el de *nacionalista cristiano*.

Veamos dos de sus cuentos y una de sus novelas:

El posible camino (título original *To whom this may come*, 1888). Un viajero anónimo es el único superviviente de un naufragio en una isla desconocida del Océano Índico, donde encuentra una sociedad formada por seres humanos que han olvidado el habla porque han desarrollado poderes telepáticos y no la necesitan para comunicarse. Bellamy analiza con detalle las consecuencias de esto para la sociedad: la necesidad de controlar pensamientos críticos hacia otras personas, que no podrían ocultarse; la imposibilidad de mentir, asesinar y cometer cualquier otro delito, pues sería descubierto antes de perpetrarse; la facilidad de entablar amistades duraderas con personas cuyos pensamientos tienen una pauta parecida a la nuestra; la poca importancia del aspecto físico para las relaciones entre los sexos y la unión profunda e indisoluble que se podría alcanzar en las relaciones de pareja; y los efectos sobre el concepto del yo, pues desaparecería el falso ego que solemos utilizar como máscara, incluso ante nosotros mismos.

El mundo del hombre ciego (título original *The blindman's world*), en el que un astrónomo, transportado a Marte durante un sueño, encuentra allí a una raza de hombres que, en lugar de recordar el pasado, como nosotros, recuerdan su propio futuro, lo que da lugar a curiosas disquisiciones filosóficas sobre lo que pasaría si tal cosa fuese posible. Me pregunto si este cuento serviría de inspiración a Brian Aldiss para su novela *Criptozoico* (1967). Pero Bellamy olvida mencionar una consecuencia inevitable de su suposición de partida: si pudiésemos recordar el futuro, no seríamos libres. Esa propiedad es incompatible con la libertad humana.

El año 2000 o *Mirando atrás* (título original *Looking Backward, 2000-1887*), novela utópica que se convirtió en éxito de ventas en los Estados Unidos, dio lugar a la creación de numerosos *clubs Bellamy* y provocó una avalancha de imitadores. En esta novela, el narrador cae en un trance hipnótico en 1887 y despierta 113 años después, en el año 2000. El Boston que descubre, y que describe en detalle, es muy diferente al que él conoció, pues la sociedad industrial decimonónica de los Estados Unidos se ha transformado en una sociedad avanzada basada en la nacionalización de la industria.

Bellamy cree en el mito del progreso indefinido, como queda claro en el prólogo que escribió para su novela:

> El tema casi universal de los escritores y oradores que han celebrado el bimilenario ha enfocado más el futuro que el pasado, no ya los avances que se han hecho, sino el progreso que vendrá, siempre hacia adelante y hacia arriba, hasta que nuestra raza alcance su destino inefable. Esto está bien, totalmente bien...

También cree, con Rousseau, que el hombre es bueno, pero la sociedad lo hace malo y, por tanto, afirma que un cambio en la sociedad puede clausurar todo el mal que hay entre los hombres. Sorprende que, siendo calvinista, Bellamy parezca haber olvidado el pecado original y su efecto sobre la naturaleza humana.

La utopía de Bellamy es bastante similar a la de Tomás Moro, salvo porque Moro la localizó en una isla remota y Bellamy la ubica en el futuro. En ambos casos, la nueva sociedad ha abolido el dinero (en el caso de Bellamy lo ha sustituido por créditos, iguales para todos los ciudadanos), por lo que no se puede recurrir a distintas escalas de sueldos como incentivos para que la gente trabaje. Como recompensa para los que hacen todo lo posible por el bien común, se conceden honores y distinciones públicas. Esta es una de las principales debilidades de ambas utopías, como se comprobó en la URSS con el fracaso del estajanovismo.

Unas pocas de las propuestas de Bellamy para una organización mejor de la sociedad son bastante razonables y me gustaría verlas implementadas. No me sorprende que este libro diera lugar a la creación de muchos *clubs Bellamy* que intentaron aplicar sus ideas. Sin embargo, algunas de sus predicciones se han cumplido sin abandonar el sistema capitalista que Bellamy aborrece.

Conviene señalar que, aunque muchas de las predicciones de Bellamy para el año 2000 no se hayan cumplido, sí acertó en algo: los Estados Unidos de América siguen siendo uno de los poquísimos países del mundo que no han adoptado el Sistema Métrico Decimal. Y he de confesar que el final de la novela de Bellamy consiguió sorprenderme.

Entre los imitadores de esta novela se cuentan autores tan famosos como William Morris (*News from Nowhere*, 1890), que daba por supuesto el triunfo del comunismo para el año 2000, y H.G. Wells en *Cuando el dormido despierta* (*When the Sleeper Wakes*, 1899).

28. ROBERT HUGH BENSON: EL SEÑOR DEL MUNDO

Robert Hugh Benson era hijo del arzobispo de Canterbury, máxima jerarquía de la iglesia anglicana. Unos años después de la muerte de su padre, Benson se convirtió al catolicismo, lo que provocó un gran escándalo en Inglaterra. Antes de morir prematuramente a los 42 años, Benson escribió muchos libros, tanto ensayos como novelas, y entre estas las hay históricas, de conversión y de ciencia-ficción.

La más conocida es *El señor del mundo*, novela apocalíptica publicada en 1907. Personalmente, prefiero *Un cántico para Leibowitz*, que me parece mejor construida y más creíble, pues el final apocalíptico lo causa el hombre mismo, en lugar de inexplicables actos de Dios.

Hay dos tipos de ateísmo: el primero es un ateísmo optimista, que reemplaza la fe en Dios por una fe abrumadora en el hombre. Para este tipo de ateos, Dios no es el creador del universo, sino el resultado de la evolución. Un cuento de Asimov del que hablaremos más adelante, *La última pregunta*, podría considerarse el representante más conciso de esta ideología en el campo de la ciencia-ficción.

El segundo tipo de ateísmo es pesimista y reduce al hombre la condición de animal, un epifenómeno, algo sin importancia, intrascendente para el futuro de la naturaleza o del universo, pues a largo plazo no puede causar impacto alguno. Quizá sea esta la línea seguida por ateos como Richard Dawkins.

El señor del mundo muestra a dónde nos puede llevar el ateísmo optimista. Cuando se escribió el libro, esta forma de ateísmo parecía más conforme con las consecuencias del progreso previsible de la humanidad. En un cambio repentino que comenzó pocos años después, las dos guerras mundiales y la posterior guerra fría de medio siglo, cuando la autodestrucción del hombre parecía probable, nuestra confianza en el hombre y en el progreso ilimitado de la ciencia han menguado.

Hoy asistimos a un ataque cada vez mayor del ateísmo pesimista militante contra la religión, pero esta forma de ideología quizá sea algo menos dañina que la otra, como muestra la novela.

La novela tiene pocos pronósticos de ciencia-ficción: los trenes de alta velocidad y las armas nucleares, a las que llama *explosivos de Benninschein*, pues el autor no llegó a prever que las armas de destrucción masiva se crearían trabajando en equipo y no en solitario. El mundo científico que describe para principios del siglo XXI es bastante similar al estado de la ciencia y la tecnología a principios del siglo XX: radio-telégrafo como principal método de comunicación; el teléfono, restringido para uso del gobierno; zepelines para los viajes aéreos; y poco más.

Las previsiones sociológicas de la novela aciertan más: hay persecución contra los católicos, que se han convertido en los únicos que se oponen a la ideología dominante. La eutanasia se admite como la forma normal para que se suiciden las personas que han perdido las ganas de vivir. Y, según Benson, el ateísmo habría llegado a conquistar incluso a los musulmanes.

Siempre he creído que el Anticristo será una ideología, no una persona. Encuentro un poco ridícula la idea de que una masa de ateos adore como Dios a un hombre como ellos. El *Gran Hermano* de Orwell, un jefe misterioso e impersonal al que se adora, me parece más logrado.

A pesar de estas críticas, la novela es muy buena. De hecho, a veces resulta abrumadora.

29. C.S. LEWIS: LA TRILOGÍA CÓSMICA

Jean Jacques Rousseau sostenía que el hombre es bueno por naturaleza, pero la sociedad le hace malo. Toda la evidencia de que disponemos le desmiente. Cada vez que se ha intentado corregir esa situación modificando las estructuras sociales –por ejemplo, en la Revolución francesa (que introdujo la guillotina); en la

Revolución rusa (que introdujo el Gulag); y en el nacionalsocialismo alemán (que introdujo las cámaras de gas)-, las cosas han empeorado. Está claro que el hombre está inclinado al mal por naturaleza, aunque también sea capaz de grandes heroísmos. Esa inclinación al mal resulta de lo que llamamos pecado original.

Esta es la cuestión que vamos a discutir: concedido que los seres humanos sobre la Tierra estamos sometidos a los efectos del pecado original, ¿qué se puede decir sobre hipotéticas inteligencias extraterrestres? ¿Estarán sometidas también al pecado? ¿O estarán exentas de él? O sea, ¿serán buenas por naturaleza o estarán inclinadas al mal como nosotros?

Ante estas preguntas se han propuesto dos respuestas diferentes:

1. Primera respuesta: la situación de la humanidad, aquí en la Tierra, es un fenómeno puramente local. El pecado original es consecuencia de algo que ocurrió hace mucho tiempo, entre nuestros lejanos antecesores. Para las hipotéticas inteligencias extraterrestres podrían haberse dado las tres posibilidades siguientes:

   • Que sus antepasados remotos no hayan sido sometidos a ninguna prueba y, en consecuencia, no hayan caído, por lo que sus descendientes no estarían sometidos al pecado original. Esta es la situación de las especies inteligentes que pueblan el planeta Marte en la novela *Fuera del planeta silencioso* (*Out of the Silent Planet*), de C.S. Lewis. También se aplica a algunas de las novelas de mi serie sobre el sistema solar, lo cual no quiere decir que yo haya adoptado esta solución al problema.

   • Que sus antepasados remotos hayan sido sometidos a una prueba, pero no cayeran en la tentación y, en consecuencia, sus descendientes tampoco estuvieran sometidos al pecado original. Esta es la situación de la especie inteligente que puebla el planeta Venus en la novela *Perelandra: un viaje a Venus (Perelandra, Voyage to Venus)*, de C.S. Lewis.

- Que sus antepasados remotos hayan sido sometidos a una prueba y cayeran en la tentación, por lo que sus descendientes estarán sometidos al pecado original. Esta es la situación de la especie inteligente que puebla el planeta Tierra en la novela *Esa horrible fortaleza (That Hideous Strength)*, de C.S. Lewis, que completa la trilogía.

2. Segunda respuesta: la situación de la humanidad, aquí en la Tierra, resulta de un fenómeno global. El pecado original es consecuencia de algo que ha infectado el universo entero y que ocurrió mucho antes de que dentro del universo hubiera inteligencias. En consecuencia, tanto los seres humanos sobre la Tierra como cualquier hipotética inteligencia extraterrestre deben estar sometidos al pecado original (o sea, todos estamos inclinados al mal).

Esta fue la solución de Pierre Teilhard de Chardin, expresada en dos notas que fueron enviadas al prepósito general de los jesuitas y que no se publicaron hasta medio siglo después en la colección *Comment je crois*, traducida al español con el título *Como yo creo*. Quizá a estas notas se debió su expulsión como profesor en el Instituto Católico de París y la prohibición de publicar libros.

Según la propuesta de Teilhard, el universo habría sido creado en estado de disgregación inicial y sujeto posteriormente a un proceso de evolución cuya complejidad aumentaría progresivamente hasta producir seres inteligentes, al menos en la Tierra. El pecado original no habría sido la culpa personal de uno o más individuos, sino que consistiría, precisamente, en el estado de dispersión original del mundo. Esta solución no puede ser aceptada por la doctrina católica, pues hace recaer la culpa del pecado original sobre el Creador del universo. Sin embargo, no todas las interpretaciones del pecado original que se adaptan a esta línea de pensamiento cometen el mismo error que Teilhard. Una de ellas, original mía, la expliqué en el libro *Krishna frente a Cristo* (1979).

En cuanto al pecado original, la doctrina de la Iglesia católica se basa sobre todo en el capítulo 5 de la epístola a los romanos de san Pablo, más que en el capítulo 3 del Génesis. En su libro *En el principio* (titulado también *Creación y pecado*, 1996), Joseph Ratzinger (elegido Papa en 2005 con el nombre de Benedicto XVI) dice esto:

> El hombre es relación (…) Pecado significa romper y destrozar esta relación. Pecado es negación de la relación, porque quiere hacer del hombre un dios (…) Por ello, el pecado (…) afecta a los otros, pervierte al mundo y lo destroza (…) Si el conjunto relacional del hombre está trastocado desde el principio, cada hombre ingresa desde entonces en un mundo afectado por una perturbación de la relación (…) Cada uno de nosotros entra en una trama en la que las relaciones están falseadas.

Se observará que este texto de Ratzinger, que recopila cuatro homilías que pronunció en 1981, cuando era arzobispo de Múnich, no aborda ninguna de las interpretaciones mencionadas más arriba y es compatible con todas ellas.

En resumen: la cuestión de cómo afectan cuestiones como el pecado original y la Redención a hipotéticos extraterrestres es, por el momento, un tema para la *ciencia-ficción*, más que un problema teológico, filosófico o científico.

30. RAY BRADBURY Y LA CORRECCIÓN POLÍTICA

En 1953, Ray Bradbury publicó la novela *Fahrenheit 451*, después adaptada al cine. Pocos se han dado cuenta de que, en ese libro, Bradbury predijo la *corrección política* que treinta años más tarde se impuso en gran parte del mundo occidental. En la sociedad futura que describe Bradbury, la gente se pasa la vida pendiente de la televisión y sólo lee revistas cómicas. Los libros son peligrosos, se buscan para quemarlos. ¿Por qué? Como explica el jefe de los bomberos al protagonista, porque «cualquiera que sea el libro, siempre hay alguna minoría que se siente ofendida por él».

Al final de la novela, el protagonista escapa y descubre que hay otros como él que aman los libros, viven en el exilio y tratan de conservar en su memoria, para las generaciones futuras, los tesoros proscritos. Cuando le preguntan qué obras desea consagrarse a memorizar, menciona dos de los libros de la Biblia: el Eclesiastés y una parte del Apocalipsis.

La tolerancia es la virtud favorita de nuestra sociedad. El deseo de no ofender a nadie parece el colmo de la tolerancia. Pero esta es una virtud de término medio, como las que describe Aristóteles en su *Ética*. Se puede pecar contra la tolerancia, tanto por defecto (siendo intolerante) como por exceso. ¿En qué consiste el exceso? Curiosamente, también acaba en la intolerancia. En *Fahrenheit 451*, el exceso de tolerancia aboca a esa sociedad a la intolerancia con los libros y quienes los leen.

La tolerancia excesiva se destruye a sí misma: una persona extremadamente tolerante no puede tolerar ningún tipo de intolerancia, con lo que automáticamente se vuelve intolerante contra la intolerancia. Pero, como hay cosas que no se deben tolerar, optan por almibarar la intolerancia, por travestirla, con una expresión innecesaria y gramaticalmente absurda: *tolerancia cero*.

La corrección política, que comenzó como el deseo de no ofender a nadie, se aplica a veces con doble rasero. Hoy se considera casi impensable ofender públicamente a quienes practican alguna religión (judaísmo, islam, budismo, animismo...) o no practican ninguna, con una sola excepción: se puede ofender impunemente a los cristianos y, si protestan, se los acusa de no aceptar la libertad de expresión. También hay que guardarse de ofender a personas de piel negra, amarilla, roja... pero los blancos pueden ser objeto de cualquier ataque. Por último, ¡cuidado con publicar nada que pueda ofender a las mujeres! Los hombres, en cambio, son presa legítima. Hoy día, en Europa y Norteamérica, el verdadero paria social es el hombre blanco cristiano. Nadie tiene en cuenta sus sentimientos.

Puedo contar a este respecto una experiencia personal: una de mis novelas de ciencia-ficción fue rechazada por una editorial. Según me dijeron, uno de sus revisores la calificó de sexista. ¿Por qué? Porque dos de sus personajes planean un acto de genocidio, el exterminio de una especie inteligente en un planeta lejano, pero la mujer es la instigadora y el hombre se deja arrastrar por ella.

Para saber si mis novelas son sexistas, no basta con leer una: hay que analizar todos mis libros y contar cuántos de mis *malos* son hombres y cuántos son mujeres. Me he tomado la molestia de hacerlo: el 93% son hombres, el 7% son mujeres. Resulta que se me podría acusar de sexismo contra los hombres. Pues no, se me acusa de lo contrario.

En los años ochenta, el objetivo de la corrección política era loable, pero tardó poco en pervertirse. Como predijo Bradbury, la tolerancia de que se jactan sus partidarios se convierte a menudo en un ejercicio de intolerancia, en una forma asfixiante de censura.

Otro de los efectos de la perversión de la corrección política es la transgresión del derecho de los autores muertos a la integridad de su obra, que reconoce el Convenio de Berna:

> El autor conservará el derecho… de oponerse a cualquier deformación, mutilación u otra modificación de la [obra].

Lo que sigue a continuación es una pequeña muestra de los muchos cambios que la ideología política dominante ha introducido en obras de autores que, ya muertos, no pueden protestar por la transgresión de sus derechos:

1. Desde su publicación, la obra de Mark Twain ha sido sometida a censura de todo tipo en Estados Unidos.

2. En la edición de 1988 de *The Story of Doctor Dolittle*, de Hugh Lofting, los editores y el hijo del autor decidieron cambiar algunas frases del libro, que fue publicado originalmente en 1920, porque *a la luz de la sensibilidad actual, se las consideró poco respetuosas con minorías étnicas.*

3. En 2011 se presentó un pleito por racismo contra el cómic *Tintín en el Congo*, que fue rechazado en 2012 por la justicia belga.

4. Tanto el texto y las ilustraciones del cuento *Little Black Sambo*, publicado en 1899 por Helen Bannerman, ha sido sometido a diversas revisiones por razones de corrección política.

Si seguimos así, en lugar de corregir los libros, no tardaremos en quemarlos, como acertó a prever Ray Bradbury.

Los defensores de esta ideología asfixiante y opresiva no sólo nos impiden decir lo que pensamos cuando no se ajusta a sus gustos, sino que también se lo prohíben a los escritores muertos. Además, se han empeñado en defender el materialismo y en reducir al hombre al nivel de un mero animal, o incluso inferior, para hacer con nosotros lo que quieran. Como consecuencia, ya tienen más muertos en su haber que los nazis y el comunismo juntos. Pero nadie se escandaliza, porque las víctimas son o bien niños no nacidos, o bien viejos. Lo primero ya no afecta a la mayor parte de la población y, en su ignorancia e insensatez, muchos creen que lo segundo no les va a afectar nunca.

31. RAY BRADBURY: EL HOMBRE

En 1949, Ray Bradbury escribió un relato titulado *El hombre* (*The Man*) cuya trama puede resumirse así:

en su expansión por la galaxia, la especie humana encuentra muchas inteligencias extraterrestres. El capitán de una nave interestelar terrestre llega a un planeta lejano y oye hablar de algo que ha ocurrido allí recientemente. Poco a poco va descubriendo que Dios se ha hecho hombre en ese planeta y les ha concedido la Redención, aunque no en forma cruenta. El capitán quiere conocerle, ponerse en contacto con él, pero ya es tarde: se ha marchado (o, al menos, eso cree). Entonces el capitán decide dedicar su vida a recorrer otros planetas con la esperanza de encontrar a Cristo en alguno de ellos.

Narciso Ibáñez Serrador adaptó este relato a la radio y, al hacerlo, cambió algunas cosas: el título, por ejemplo, que pasó a ser *El triángulo*, y también la forma de la Redención: matan al Redentor clavándole en un triángulo, en lugar de una cruz.

Aunque en la versión original de Bradbury no está claro si los extraterrestres están sometidos al pecado original, en la adaptación radiofónica se da por supuesto que sí. Además, se supone que cada planeta necesita de una Redención que no es válida para todos ellos a la vez.

La Iglesia católica no ha tomado postura oficial respecto a estas cuestiones. No tiene por qué hacerlo, puesto que ni siquiera sabemos si existen extraterrestres. Pero algunos teólogos han estudiado el asunto y sus opiniones pueden clasificarse así:

1. Unos opinan que el pecado original es una cuestión local, por lo que podría haber extraterrestres que no estén sujetos a él. Otros creen que se trata de *una cuestión global*, que afecta a todos los pobladores inteligentes del cosmos.

2. Unos piensan que cada especie de extraterrestres que estén sometidos al pecado original necesitan ser redimidos independientemente de los demás. Otros creen que una sola Redención vale para todos, y que no es preciso que Cristo se encarne en cada uno de esos planetas, como en el relato de Ray Bradbury. Entiendo que esta última postura tiende a ser

mayoritaria, y que se apoya en el hecho de que la existencia en la Tierra de razas de seres humanos que permanecieron aisladas durante siglos no obsta para que la Redención de Cristo, que tuvo lugar en Oriente Medio, se aplique a todos. Claro que, aunque quizá existan varias especies inteligentes en la galaxia, las distancias desmesuradas entre las estrellas pueden mantenerlos separados para siempre.

32. RAY BRADBURY: LOS GLOBOS DE FUEGO

Las crónicas marcianas de Ray Bradbury es una colección de 27 cuentos que tienen como tema común la colonización de Marte. Bradbury utiliza una prosa muy poética para contarnos cómo los terrestres, al invadir Marte, exterminan accidentalmente a los marcianos, que se contagian de la varicela, una enfermedad leve para nosotros, pero mortal para ellos.

Eso sí, antes de desaparecer, los marcianos demuestran que son capaces de defenderse, como ocurre en *La tercera expedición.* Utilizando sus poderes telepáticos, hacen creer a los astronautas que se encuentran en el mundo de la otra vida entre sus seres queridos difuntos, cuyo aspecto han adoptado, extrayéndolo de la memoria de los astronautas. Una vez están todos repartidos y durmiendo, los asesinan. Este cuento fue adaptado a la televisión por Narciso Ibáñez Serrador.

Los globos de fuego (*The fire balloons*) es un cuento poco conocido que pertenece al ciclo de las *Crónicas marcianas,* pero es difícil de encontrar en las ediciones de este título. Quizá se deba a que es uno de los cuentos marcianos de Bradbury con más connotaciones religiosas explícitas. En este cuento, una comunidad de misioneros es enviada a Marte para predicar el Evangelio a los marcianos, pero descubren que estos ya conocen a Dios y no necesitan ayuda. Uno de los frailes dice:

Tal como lo veo, la Verdad existe en todos los planetas (…) Algún día se combinarán como las piezas de un rompecabezas (…) Iremos a otros mundos, añadiendo partes a la Verdad, hasta que un día el Total aparezca ante nosotros como la luz de un nuevo día.

Los marcianos de Bradbury no estaban en principio exentos del pecado, pero en el curso de su evolución se han librado del cuerpo y de sus influencias concupiscentes.

33. MURRAY LEINSTER: ALIENÍGENAS E INSECTOS GIGANTES

Murray Leinster fue un escritor católico, uno de los padres de la ciencia-ficción moderna, pues su primera obra en este género, *The Runaway Skyscraper*, se publicó en 1919. Fue uno de los primeros en escribir sobre el encuentro entre dos civilizaciones, terrestre y extraterrestre, en su novela corta *Primer contacto* (*First Contact*, 1945), que dio nombre a un subgénero de la ciencia-ficción. Un cuento corto en este mismo subgénero es *Los alienígenas* (*The Aliens*, 1959), en el que las dos especies inteligentes que establecen contacto parecen dirigirse inexorablemente a un enfrentamiento bélico, cuando un accidente les obliga a colaborar y abre nuevas perspectivas basadas en la tolerancia mutua y las ventajas para ambas partes.

Leinster también parece haber sido el primero en abordar el tema de los universos paralelos, al estilo del multiverso cuántico, propuesto en serio en 1957 por Hugh Everett III, que se ha convertido en una de las teorías físicas más absurdas que se han formulado en los últimos tiempos, a pesar de lo cual muchos físicos hoy se la creen. Se trata de una teoría que sostiene que, cada vez que hay un colapso cuántico de cualquier propiedad de una partícula, el universo se divide en dos que a partir de entonces evolucionan independientemente. Como hay un número enorme de partículas y cada fracción de segundo colapsan muchas, debe de haber un número incalculable de copias de nuestro universo, con una historia ligeramente diferente. Una consecuencia de esta teoría es que cualquier cosa que pueda suceder sucede en realidad en alguno de los universos del multiverso cuántico. Pues bien, Murray Leinster predijo esta teoría en un cuento corto que publicó en 1934, *Sidewise in Time*.

Otra predicción curiosa de Leinster es la de las redes de ordenadores conectados entre sí, que aparecen en su cuento de 1946 *A Logic Named Joe*, donde la palabra «logic» era el nombre que se aplicaba entonces a los ordenadores.

Una novela que publicó en dos partes en 1920 y 1921, al principio de su carrera, pero que se reeditó en 1954 con el título *The Forgotten Planet* (*El planeta olvidado*), planteaba la siguiente situación:

> Durante la colonización de la galaxia por los terrestres, se encontraban planetas donde no había surgido vida de ningún tipo, pero que cumplían las condiciones mínimas para su aparición. En ese caso, para poder colonizarlo más tarde, lo siembran con formas de vida terrestres (bacterias, hongos, plantas e invertebrados). Pues bien, la información sobre uno de estos planetas se traspapeló, el planeta fue olvidado y su ecología evolucionó por su cuenta. Cuando una nave humana se estropea en ese planeta, lo encuentran infestado de insectos y arañas gigantes, como resultado de la evolución. Atacados por los monstruos, los humanos caen en el salvajismo. Cuarenta generaciones después, comienza la trama de la novela. El libro describe muy bien la ecología de los monstruos, con tal riqueza de detalles que la novela parece un libro de Fabre sobre las costumbres de los insectos. El lento ascenso de los salvajes hasta un nivel más humano parece un tratado de antropología en forma de novela de aventuras.

He disfrutado mucho con este libro. Por supuesto, existen algunos problemas científicos: a) La información sobre el planeta se extravía porque se perdió la tarjeta perforada que la contenía (!!!); b) la evolución nunca es tan rápida como parece serlo en el planeta olvidado. En unos miles de años aparecen monstruos en los tres reinos: hongos, plantas y animales; c) los insectos con esqueleto externo quitinoso no pueden alcanzar tamaños tan grandes. Si pudieran, lo habrían hecho aquí, en la Tierra, donde precedieron en millones de años a los vertebrados. Pero estas críticas son secundarias y yo disfruté del libro cuando lo leí.

34. ANTHONY BURGESS: LA NARANJA MECÁNICA

Una novela extremadamente violenta que sigue la línea de *Un mundo feliz* de Aldous Huxley y cuya tesis es que, para elegir el bien, hay que ser libre de elegir el mal. Estoy de acuerdo con la tesis, pero el libro es tan violento que no me gustó tanto como quizá merece. Este es su argumento:

> Alex, joven quinceañero inadaptado, se mezcla con malas compañías y comete toda clase de delitos: robos, violaciones y asesinatos. Capturado por la policía, le ofrecen la posibilidad de someterse a un tratamiento médico que asociará en su mente la violencia con sensaciones extremadamente desagradables. Al cabo de algún tiempo es liberado, porque se supone que ha perdido su inclinación a la violencia. Pero entonces cae en manos de un grupo que quiere derribar al gobierno presentando su caso como un fracaso. Para ello, utilizando las fobias que le provoca su tratamiento, le inducen a suicidarse. El tratamiento que recibe en el hospital deshace el que recibió en la cárcel, por lo que Alex descubre que en principio podría volver a la violencia. Pero en el último capítulo, Alex descubre que la violencia ya no le atrae, porque ahora tiene 18 años y ha madurado, planea casarse y teme que sus hijos puedan cometer barbaridades como las que él hizo.

La versión estadounidense y la adaptación al cine de Stanley Kubrick eliminaron el último capítulo y con ello se perdió lo más importante del mensaje de la novela. Sin el último capítulo, la tesis de la novela se pierde. Pero no me extraña, porque hoy hay pocas personas capaces de entenderla. La idea que sugirió la película sin ese capítulo es negativa: la inclinación a la violencia es innata en los seres humanos, que, hagamos lo que hagamos, no podemos librarnos de ella. En cambio, la conclusión del último capítulo es exactamente opuesta y positiva.

Por supuesto, al haber sido publicada en 1962, cuando la literatura (y el cine) aún no habían cruzado la línea roja, Burgess intentó disfrazar la extrema violencia de su libro sumiendo a su narrador en la ininteligibilidad, pues se expresa en una jerga adolescente basada en el ruso. Pero el lector acaba entendiendo la mayor parte de las palabras, al menos las más frecuentes, incluso sin la ayuda de un glosario, que algunas ediciones incluyen al final.

Aunque Anthony Burgess se educó como católico, desde su juventud dejó de practicar. Pero la influencia del catolicismo se nota en sus obras, especialmente en *La naranja mecánica*, que contiene una interesante discusión sobre el libre albedrío.

35. WALTER M. MILLER JR.: CÁNTICO A SAN LEIBOWITZ

Esta novela, una de mis favoritas del género de ciencia-ficción, pertenece al subgénero catastrofista o postapocalíptico. Su argumento resumido es este:

> Una guerra atómica ha destruido nuestra civilización. Después de la catástrofe, las masas supervivientes odian la ciencia y los libros, pues los consideran responsables de la tragedia. Igual que tras la caída del Imperio romano, la Iglesia católica se encarga de recoger los restos del conocimiento y conservarlos para la posteridad, por si algún día surge una nueva civilización capaz de entenderlos. Pero cuando esto ocurre, la historia se repite y el hombre vuelve a autodestruirse.

Walter M. Miller Jr. escribió *Cántico a san Leibowitz* (*A canticle for Leibowitz* en inglés) durante los años 50. Primero publicó un cuento corto que tuvo mucho éxito; luego lo expandió, dividido en tres partes y seis veces más largo, y lo publicó en 1959. Por entonces estábamos en plena guerra fría y las amenazas de guerra atómica entre Occidente y la URSS eran continuas. Poco después, en 1961, tuvo lugar la crisis de Berlín y la construcción del muro. Un año después, vino la crisis de los misiles de Cuba, posiblemente el momento en que ambos bloques estuvieron más cerca de la tercera guerra mundial.

En la historia de la humanidad, el catastrofismo o alarmismo ha sido tan frecuente como las previsiones excesivamente optimistas. Al parecer, los seres humanos somos extremistas, en uno o en otro sentido, y nos cuesta trabajo quedarnos en el término medio, en el que, como señaló Aristóteles, está la virtud. Pero a veces las catástrofes ocurren, como también se producen avances favorables significativos, por lo que ambos extremos pueden aducir ejemplos a su favor.

Veamos algunas de las teorías catastrofistas y alarmistas que han abundado durante los últimos siglos, algunas de las cuales han sido desmentidas por el paso del tiempo, mientras que otras, más creíbles, continúan amenazándonos.

1. En 1798, Thomas Robert Malthus publicó su *Ensayo sobre el principio de la población, en cuanto afecta a la mejora futura de la sociedad.* Este ensayo contiene la famosa cita:

    > El poder de la población es infinitamente mayor que el poder de la Tierra para producir subsistencia para el hombre. La población, si no se controla, aumenta como una progresión geométrica. La subsistencia aumenta sólo en progresión aritmética. Un ligero conocimiento de los números mostrará la inmensidad de la primera potencia en relación con la segunda.

    Al análisis de Malthus se opuso en 1838 Pierre François Verhoult, quien adujo que la población, como casi todos los sistemas naturales, no aumenta en progresión geométrica, sino siguiendo *la curva logística.*

2. En 1918 se publicó la primera parte de *La decadencia de Occidente* de Oswald Spengler, en la que este filósofo alemán predijo el fin de nuestra civilización, aunque no adujo argumentos basados en el desarrollo económico-social, sino históricos y filosóficos. Su teoría fue seguida pocos años después por la del historiador Arnold J. Toynbee, que también predijo la decadencia, aunque por razones diferentes de las de Spengler. Otros autores importantes que no creyeron en el progreso indefinido y afirmaron la posibilidad de que nuestra civilización llegase a su fin fueron el antropólogo A.L. Kroeber (padre de Ursula Le Guin, famosa autora de ciencia-ficción) y el sociólogo Pitirim Sorokin.

3. En la década de 1970, el primer informe del Club de Roma (*Los límites del crecimiento*, 1975) volvió a tocar la nota del catastrofismo: mantuvo las previsiones de Malthus de crecimiento exponencial de la población sin tener en cuenta las correcciones de Verhoult. Según este estudio, la situación del mundo se volvería catastrófica hacia 2020.

4. Poco después, a finales de los 80, y probablemente influido por el informe del Club de Roma, Richard C. Duncan propuso la teoría de Olduvai, que predice el colapso de nuestra civilización para el año 2030, seguido a más largo plazo por un regreso a la Edad de Piedra (de ahí la referencia a Olduvai). Al acercarse la fecha prevista, Duncan, consciente de que no se cumplían, ha actualizado sucesivamente sus predicciones.

¿Qué conclusiones podemos sacar de todo esto? Opino que nuestra civilización está condenada a desaparecer en un tiempo no demasiado largo, pero no por los motivos expuestos por los malthusianos y sus descendientes, sino porque ya ha colapsado, ha perdido sus raíces, su producción artística se ha desintegrado y la científica está a punto de hacerlo. La situación política de los últimos tiempos, con el retorno de la Guerra Fría y las amenazas rusas de desencadenar una tercera guerra mundial utilizando armas nucleares, podría acelerar esa destrucción, que sería inevitablemente apocalíptica y semejante al desenlace del *Cántico a san Leibowitz*.

La novela se divide en tres partes: En la primera, *Fiat homo*, el mundo apenas está empezando a resurgir de la catástrofe. En un mundo destrozado, cuyos supervivientes abominan de la ciencia y del conocimiento y destruyen los libros (en la línea de *Fahrenheit 451*, pero por otro motivo), un ingeniero electrónico, Leibowitz, funda una nueva orden religiosa cuyo objetivo es impedir el colapso total y preparar la recuperación futura a base de copiar unos libros que ya nadie entiende. Como en los siglos subsiguientes a la caída del Imperio Romano de Occidente, la Iglesia católica se encarga de salvar lo poco que queda de la cultura clásica (en este caso, la nuestra) a través de los monjes de la orden fundada por Leibowitz. Esta primera parte sigue las andanzas de un monje de esa orden en plena edad oscura.

En la segunda parte, *Fiat lux*, han pasado varios siglos, ha surgido una nueva civilización y entramos en un nuevo Renacimiento. En la tercera, *Fiat voluntas tua*, esa civilización ha llegado a su apogeo, vuelve el materialismo y la historia amenaza con repetirse en una nueva guerra atómica. Pero esta vez Miller deja abierta una posible escapatoria: la colonización de la galaxia. Una de las últimas escenas de la novela describe la partida de una nave espacial que lleva a las colonias estelares a los últimos miembros de la orden de Leibowitz, junto con tres obispos, que garantizarán la sucesión apostólica.

Durante la segunda mitad del siglo XX, el mundo se encontró permanentemente al borde de una guerra nuclear total que amenazaba acabar con nuestra civilización y, probablemente, con nuestra especie. La guerra nuclear y sus consecuencias se convirtieron en uno de los temas favoritos de la literatura distópica de ciencia-ficción, en la que destaca *A Canticle for Leibowitz*.

Con el hundimiento de la Unión Soviética, el peligro inminente de guerra nuclear pareció alejarse, lo que dio lugar, a finales del siglo xx y principios del xxi, a un renacimiento de las ideas optimistas y al resurgimiento de la previsión de la inmortalidad humana como algo inminente, especialmente por parte de la corriente filosófica llamada transhumanismo, nombre inventado en 1957 por Julian Huxley, quien entendió mal la obra de Pierre Teilhard de Chardin, como demostró en el prólogo que escribió para la versión inglesa de *El fenómeno humano.*

Ahora, sin embargo, empezamos a darnos cuenta de que la proliferación nuclear aumenta considerablemente el peligro, como expresa significativamente *A Canticle for Leibowitz*:

> Hemos recopilado la suficiente información desde que esto se escribió para saber que incluso algunos de los gobernantes menores de ese tiempo habían puesto sus manos sobre tales armas antes de que llegara el holocausto.

En esta novela, cuando la humanidad empieza a recuperarse de la guerra atómica algunos siglos más tarde, nadie recuerda ya qué país fue el que la desencadenó. La evolución reciente de la política internacional es indicio sobrado de este peligro. ¿Nos acercamos a una nueva época de pesimismo?

36. WALTER M. MILLER JR.: BENDICIÓN OSCURA

Además de *Cántico a san Leibowitz* Walter M. Miller Jr. escribió muchas historias breves. Una de ellas, publicada en 1951, *Bendición oscura* (*Dark Benediction* en inglés), es muy curiosa. Relata la llegada a la Tierra de unas cápsulas de origen extraterrestre, cada una de las cuales contiene microorganismos que, al infectar al hombre, le provocan una extraña enfermedad que, si bien altera el color de su piel y afecta su comportamiento, no causa la muerte. Los microorganismos se transmiten por contacto físico directo y suscitan en los afectados un deseo intenso de tocar a quienes están libres de la enfermedad, lo que asegura que el contagio se produzca a la máxima velocidad posible.

La rápida difusión de la enfermedad provoca el colapso de la civilización. El avance científico se detiene y los medios de comunicación no funcionan. La gente huye de las ciudades y forma bandas armadas que asesinan a los afectados que tienen la desgracia de cruzarse con ellos. Algunos de los enfermos se refugian en ciudades abandonadas y forman comunidades (una de ellas de monjes) que investigan su dolencia y tratan de encontrar explicación a lo que está ocurriendo.

Lo que descubren es sorprendente: los microorganismos son simbiontes que mejoran el sistema nervioso de sus hospedadores, les proporcionan sentidos nuevos e indirectamente aumentan su inteligencia. Los extraterrestres que los enviaron no intentaban destruirnos, sino hacernos un regalo. Las cápsulas que los contenían llevaban un aviso que, cuando al fin se descifra, demasiado tarde, resulta decir lo siguiente: «Criaturas que encontréis esto, si matáis a vuestros semejantes destruid esta cápsula sin abrirla. Si os matáis entre vosotros, esto sólo os ayudará a destruiros mejor».

El cuento *Bendición oscura* fue publicado en español como parte de una colección bajo el título *Condicionalmente humano*. El hilo conductor es una historia de amor entre un hombre normal y una chica infectada.

En un descubrimiento anunciado en mayo de 2010, dos investigadoras estadounidenses publicaron que la ingestión de la bacteria *Mycobacterium vaccae* parece estimular el crecimiento de las neuronas del cerebro y podría incrementar la capacidad de aprendizaje. Experimentos realizados con ratones indican que los que han ingerido la bacteria aprenden a recorrer laberintos dos veces más deprisa que los que no lo han hecho. Si esto se confirmara (no he visto ninguna confirmación de la noticia en los quince años transcurridos), el escenario descrito por Miller sería posible. Esperemos que no se cumplan también sus predicciones de los posibles efectos del descubrimiento sobre el futuro de la sociedad.

37. WALTER M. MILLER JR.: CONDICIONALMENTE HUMANO

Otra de las historias cortas de Walter M. Miller Jr. aborda el problema moral existiría si el hombre fuese capaz de manipular genéticamente a los animales hasta dotarlos de inteligencia y conciencia similar a la nuestra. En este cuento, el animal en cuestión es un chimpancé.

Pocos años después, Cordwainer Smith convertiría este problema en una de las líneas fundamentales de su serie de cuentos sobre la *Instrumentalidad de la humanidad,* sobre el que hablaremos a continuación.

El protagonista del cuento se enfrenta a un dilema moral terrible. Cuando el gobierno, horrorizado por las consecuencias del nuevo avance científico, ordena destruir a todos los animales manipulados que demuestren autoconsciencia, el protagonista aplica el principio del mal menor y el de la legítima defensa ajena, y se ve obligado a renunciar a su propia carrera y su medio de vida para salvar a un ser inocente.

Aunque la cuestión no se planteaba entonces con la misma virulencia que ahora, este cuento puede considerarse también como un alegato contra el aborto provocado, en el que se mata a un ser humano que llegaría a ser consciente e inteligente. Sin embargo, no estoy seguro de que la solución que aplica el protagonista fuera aceptable en ese caso. Como casi todos los problemas morales de envergadura, podrían aducirse argumentos en favor y en contra, así como suscitarse debates teológico-morales profundos.

Un problema moral semejante podría plantearse si llegara a ser posible la inteligencia artificial fuerte, la de verdad, la que todavía no hemos conseguido y quizá nunca lleguemos a conseguir. Pero esa es otra cuestión que plantearé más adelante.

38. CORDWAINER SMITH: LA INSTRUMENTALIDAD DE LA HUMANIDAD

Cordwainer Smith es el seudónimo del diplomático estadounidense Paul Myron Anthony Linebarger, que es muy conocido en el mundo de la ciencia-ficción por el ciclo *La instrumentalidad de la humanidad,* formado por 27 historias breves reunidas bajo el título común de *El redescubrimiento del hombre* y una novela (*Norstrilia*). Sus relatos tienen lugar en un futuro muy remoto: después de varios milenios de edad oscura, la humanidad ha conseguido recobrarse de una catástrofe universal (una guerra atómica o algo peor) y formar una civilización galáctica.

Aunque sus primeras producciones no contienen referencias a la religión, pues Linebarger era sólo nominalmente cristiano, hacia 1960 se convirtió en un episcopaliano devoto. Sus últimas producciones apuntan síntomas de que el cristianismo está a punto de resucitar en su civilización galáctica. Sus fieles, que tienen que ocultar su fe, se comunican por medio de símbolos como el pez y la cruz. A pesar del estilo más bien críptico del autor, en alguna de sus obras esta línea argumental desempeña un papel importante, como *Norstrilia,* y en los cuentos que se publicaron en forma de libro bajo el título *Quest of the three worlds,* que además están incluidos en la recopilación antes mencionada.

Otro de los temas básicos en las obras de Cordwainer Smith, que se entrelaza con el redescubrimiento del cristianismo, es el problema moral que surgiría si el hombre fuese capaz de manipular genéticamente a los animales hasta dotarlos de inteligencia similar a la nuestra. En su civilización galáctica, esto ha ocurrido. Durante milenios, los animales humanizados, la *infragente,* son tratados como esclavos y tienen que luchar por sus derechos y contra la discriminación:

> Era contra la ley que los animales, aunque se tratase de infragente, fuesen a un hospital humano. Cuando la infragente se ponía enferma, la instrumentalidad se ocupaba de ellos –en mataderos. Era más

fácil engendrar nueva infragente para los trabajos que reparar a los enfermos. Además, los cuidados tiernos de un hospital podían darles ideas. Como la idea de que también ellos eran gente. (*The dead lady of Clown Town*).

No es extraño que sea precisamente entre la *infragente* donde comienza a revivir el cristianismo. Como sabemos, Walter M. Miller Jr. también abordó este tema en su cuento *Condicionalmente humano*.

39. ZENNA HENDERSON: LA RECOLECCIÓN

Zenna Henderson fue una escritora de ciencia-ficción estadounidense que, aunque se educó como miembro de la Iglesia de los Santos de los Últimos Días (los mormones), posteriormente, ya de adulta, se consideraba cristiana metodista y se afilió a un grupo carismático.

El posible contacto del hombre con seres extraterrestres inteligentes plantearía problemas morales parecidos a los de la inteligencia artificial o la manipulación genética de los animales, como daba a entender la película de ciencia-ficción de Steven Spielberg, *E.T.* La escritora Zenna Henderson centra en esto su ciclo más conocido, una serie de diecisiete cuentos cortos sobre *La Gente* (*The People*), unos extraterrestres humanoides que habrían llegado a la Tierra huyendo de la destrucción de su mundo y, una vez aquí, se dispersan por el suroeste de los Estados Unidos y son perseguidos porque, aunque físicamente son muy parecidos a nosotros, en realidad son diferentes, pues pueden volar y tienen poderes telepáticos.

La persecución recuerda las famosas cazas de brujas de los siglos XVII y XVIII, y nos advierte que también pueden suceder en nuestro tiempo, como sugirió C. S. Lewis en *Mero cristianismo*: «No es un avance moral que ya no ejecutemos [a las brujas] si es porque no creemos que existan».

Los extraterrestres de Zenna Henderson creen en Dios y se identifican con el mensaje cristiano. Varios de los cuentos de la serie tienen títulos de origen bíblico. Uno de los mejores es *Pottage*, que recuerda la pérdida del derecho de primogenitura por parte de Esaú, cuando se lo cambió por un plato de lentejas a su hermano Jacob. Este cuento fue adaptado al cine y en España se tituló *Hogar perdido*. Este es su argumento:

> Un grupo de extraterrestres, miembros de la Gente, viven aislados en una comunidad rural de los Estados Unidos. Asustados por las persecuciones de que han sido objeto, renuncian a sus poderes y prohíben a sus hijos que los ejerciten. La llegada de una maestra de origen terrestre enviada por las autoridades del Estado da un vuelco a la situación. Cuando ella descubre lo que pueden hacer los niños, les anima a hacerlo, a pesar de la prohibición de sus padres, y cuando estos se le enfrentan les convence de que está mal que hayan renunciado a su derecho de progenitura.

Si bien los cuentos sobre *La Gente* han sido juzgados a menudo excesivamente sentimentales, algunas personas piensan que, a través de sus extraterrestres, Zenna Henderson describe la sensación de soledad y abandono que afecta a muchos seres humanos, especialmente durante la adolescencia.

Estos 17 cuentos han sido reunidos en una colección cuyo título inglés es *Ingathering* (en español *La recolección*).

40. ZENNA HENDERSON: ALIMENTO PARA TODA CARNE

Este cuento de Zenna Henderson no pertenece al ciclo de *La Gente*, pero trata también sobre encuentros con extraterrestres, desde un punto de vista diferente. Fue publicado en una colección titulada *The Anything Box*. Este es su argumento:

Una nave extraterrestre se posa cerca del pueblo donde el padre Manuel tiene su iglesia. Un ser muy diferente de nosotros sale de la nave. El sacerdote se comunica por gestos y se entera de que el recién llegado está muriéndose de hambre. Descubre también que el extraterrestre, que parece ser hembra, va acompañado por varios bebés, que también sufren por falta de alimentos. Decidido a ayudarles, el padre Manuel prueba a traerles diversos alimentos, animales y vegetales, sin encontrar ninguno que les resulte útil, pues apenas intentan comerlos, se ven obligados a expulsarlos. De pronto, al acariciar la cabeza de uno de los pequeños, mientras dice «¡Pobrecito!», el sacerdote da un grito: «¡Me ha mordido!». Observa entonces que el bebé, que le ha arrancado un trocito de carne de la yema del dedo pulgar, lo ha tragado, pero no lo ha expulsado. Entonces, sin despedirse, la extraterrestre recoge a sus bebés, se dirige a su nave, y emprende de nuevo el viaje.

La situación tiene profundas connotaciones éticas. La extraterrestre y el sacerdote comprenden perfectamente que el único alimento que puede salvar la vida a los recién llegados es la carne humana. Ante este dilema, la extraterrestre elige morir junto con sus hijos, antes que causar la muerte a un individuo de otra especie al que, si bien acaba de conocer, reconoce como un ser inteligente y autoconsciente, que se ha comportado amistosamente con ellos y ha tratado de ayudarles. En este caso ambas partes aplican la regla de oro, pero el comportamiento de la extraterrestre es heroico.

41. FRED SABERHAGEN Y LOS BERSERKER

Como escritor de fantasía y ciencia-ficción, Fred Saberhagen es conocido sobre todo por su serie sobre los *berserkers*, máquinas inteligentes construidas por una civilización alienígena para destruir toda vida biológica. El invento les sirvió para eliminar a sus enemigos, pero, cuando estos desaparecieron, se volvió contra sus creadores y los exterminó igualmente. Desde entonces, los berserkers siguen recorriendo la galaxia para detectar cualquier forma de vida biológica y exterminarla. Cuando por fin descubren el sistema solar, empieza la serie.

La Wikipedia inglesa dice esto sobre Fred Saberhagen: «De adulto, Fred Saberhagen fue católico practicante; de vez en cuando aparecen indicios de su fe en sus escritos».

Entre los libros de la serie destacaré *Berserker* (*Las Guerras Berserker* en español), colección de los once primeros relatos cortos sobre el tema.

El primero, *Sin un solo pensamiento*, es muy bueno y describe un modo de realizar con éxito la prueba de Turing sin que intervenga la inteligencia. Este es el argumento del cuento:

> Una nave espacial tripulada por un piloto humano debe enfrentarse a un berserker, que utiliza contra él ondas mentales que le impiden pensar. Para comprobar si estas ondas hacen efecto, el berserker le propone jugar unas cuantas partidas a un juego muy parecido a las damas. Su intención es descubrir si se está enfrentando a un ser humano, o bien a algún dispositivo más o menos automático. O sea, el berserker quiere realizar sobre el piloto la prueba de Turing. Sabiendo que su mente, afectada por las ondas, no va a estar en condiciones de jugar, el piloto proporciona instrucciones muy detalladas a un animal manipulado genéticamente que le acompaña a bordo y que, al no ser inteligente, es inmune a las ondas mentales, pero posee la capacidad de obedecer órdenes al pie de la letra, sin entender lo que hace. Las instrucciones que le proporciona son tan buenas, que el animal consigue jugar cada vez mejor a las partidas, con lo que engaña al berserker, realizando correctamente la prueba de Turing y haciéndole creer que es un ser humano, y por tanto que la nave terrestre no está inerme (aunque sí lo está), por lo que el berserker no se decide a atacarla.

El uso por Saberhagen de un animal manipulado es muy ingenioso. Es evidente que ese animal representa a un ordenador (un ente capaz de ejecutar instrucciones sin entenderlas), pero el hecho de que no lo sea deja más clara la situación. El animal no aprende a jugar a las damas, simplemente ejecuta sus órdenes al pie de la letra. Pero las órdenes que recibe incluyen elementos de aprendizaje automático que le permiten jugar cada vez mejor y enfrentarse con éxito al berserker. El hecho de que las órdenes estén fuera del cuerpo del animal, dibujadas sobre papel y en forma de bolas metidas en cajitas, esclarece el paralelismo, pues propendemos a identificar el ordenador con su programa simplemente por el hecho de que el programa está dentro del cuerpo del ordenador (o sea, de su *hardware*).

Lo interesante del cuento es que deja clarísimo que las instrucciones para jugar a las damas y el proceso de aprendizaje que permite al animal empatar todas las partidas con el berserker son parte del mismo programa y, por tanto, obra del ser humano que las ha diseñado, no del animal, que no hace sino obedecer órdenes. La inteligencia es del programador, no del que ejecuta las instrucciones.

Saberhagen critica la prueba de Turing y muestra que es posible que un ordenador (o un animalito manipulado genéticamente) tenga éxito en ella sin ser inteligente, simplemente por haber sido bien programado. Lo cual es evidentemente cierto. Luego la prueba de Turing no demuestra en realidad la inteligencia de los ordenadores, sino la de sus programadores.

Otra historia muy buena es *Lugar de piedra*, transposición directa de la batalla de Lepanto a la guerra interestelar, con los venusianos interpretando el papel de los venecianos. Hice algo parecido en mi novela *Retorno a la colonia Tierra-9*.

Otro libro de la serie es *Hermano asesino*. En un mundo en el que los viajes temporales son posibles, humanos y berserkers se enfrentan en una guerra en el tiempo, y los primeros deben ayudar a sus antepasados a sobrevivir al ataque de las máquinas monstruosas. Este libro utiliza la idea de que el pasado se puede cambiar, como en los relatos de *La patrulla del tiempo* de Poul Anderson.

La segunda parte de la novela (*El yelmo alado*) me recuerda el segundo relato de la serie de Poul Anderson mencionada (*El valor de ser un rey*). Para que la historia no cambie, es preciso buscar un sustituto para un rey histórico importante que ha sido asesinado por un berserker, que deberá ocupar su lugar hasta que la patrulla del tiempo pueda deshacer la obra del berserker. En esta segunda parte, el protagonista le pide a su amada Lisa que se vaya a vivir con él, pero le dice que no deben casarse porque *son tiempos muy complicados y no sabemos lo que puede pasar.* O sea, esos tiempos son como han sido siempre. El argumento de que no debemos comprometernos porque no sabemos qué puede pasar se ha utilizado en todo tiempo y circunstancia.

La tercera parte es la mejor. Su recreación de la historia de san Francisco y Galileo en un marco de ciencia ficción me recuerda mi *Retorno a la colonia Tierra-9*, que hace algo similar, de manera más completa.

La descripción de los berserkers cambia en este libro, en comparación con el primero de la serie. Ya no son máquinas sin alma, programadas para exterminar toda forma de vida orgánica. Ahora son capaces de retrasar su objetivo estratégico por razones tácticas. Prefiero a los berserkers del primer libro.

42. PHILIP K. DICK: ¿SUEÑAN LOS ANDROIDES CON OVEJAS ELÉCTRICAS?

Pablo Ginés escribió en *Religión en libertad* un artículo titulado *El psicodélico catolicismo de Philip K. Dick*. Este autor de ciencia-ficción, nacido de una episcopaliana no practicante, decidió en cierto momento hacerse católico junto con su familia, pero fue una persona desgarrada, con problemas mentales y abuso de drogas.

La novela de ciencia-ficción de Philip K. Dick ¿*Sueñan los androides con ovejas mecánicas?*, publicada en 1968, se convirtió rápidamente en una obra de esas que llaman *de culto*, con muchísimos partidarios y no pocos detractores, entre los que me cuento.

Catorce años después de su publicación, su adaptación al cine bajo el título *Blade Runner* multiplicó el número de sus partidarios. En mi opinión, la película es mucho mejor que la novela. Voy a explicar por qué. Este es el argumento:

> En el año 2019, el avance de la tecnología permitirá construir androides (replicantes, en la película), seres de apariencia idéntica a la humana, dotados de inteligencia, pero que no han nacido de la manera usual, sino que han sido construidos. Esa sociedad del futuro intenta mantener segregados a los replicantes para que no se mezclen con los humanos tradicionales. Para conseguirlo, aparece una nueva profesión, destructor de replicantes que intentan hacerse pasar por humanos. En cuanto se detecta que uno de ellos lo está haciendo, el destructor lo persigue y lo elimina (lo mata) a sangre fría, sin necesidad de juicio.

El resumen anterior puede aplicarse casi por igual a la novela y a la película. Hasta aquí, el argumento es interesante, original y atractivo. ¿Por qué entonces la novela no me gustó, pero la película sí?

En una obra literaria hay que considerar dos cosas: el argumento, fondo o tema, y la forma en que se ha plasmado o construido el argumento. Para mí, la forma es tan importante como el tema. Si el tema es bueno, pero la forma mala, la obra pierde valor. Lo mismo ocurre si la forma es buena, pero el tema no. Veamos algunos ejemplos:

1. La fotografía de la película es maravillosa, pero nos muestra un basurero. Aquí la forma es buena, pero el tema no.

2. El argumento de la novela es muy original, pero la obra está muy mal escrita. En este caso, el tema es bueno, pero la forma no.

3. En esta novela de ciencia-ficción hay cosas que no tienen sentido y no se da ninguna explicación. De nuevo el tema es bueno, pero la construcción no. Esto es lo que pasa en la novela de Philip K. Dick.

Pondré un ejemplo. En cierto momento, el protagonista (un destructor de androides camuflados de humanos), que está persiguiendo a un androide camuflado, descubre una infraestructura preparada por los androides, una ciudad paralela, un mundo social duplicado, en el que estos incluso contratan humanos para que destruyan androides camuflados. Cuando el androide perseguido se refugia en el centro de mando de esa infraestructura, el protagonista lo mata, y después no hace nada, se olvida del asunto, a pesar de que las reglas mandan que los androides que han montado esa infraestructura sean destruidos, porque se están haciendo pasar por humanos. La ciudad paralela desaparece por completo de la novela. No se nos dice para qué la construyeron los androides, ni por qué contratan humanos para destruir androides. Esta parte de la novela no tiene relación con el resto, se apoya en el vacío. Este es uno de los detalles que por fortuna desapareció del guion de la película.

Se pueden citar otras cuestiones científicas sin resolver, algunas de las cuales son comunes a la novela y la película. La principal es esta:

No se aclara si los androides-replicantes son seres humanos biosintéticos (copias construidas sintetizando ADN y sometidas a desarrollo biológico, fuera del procedimiento habitual) o robots humanoides electrónicos dotados de cuerpos biológicos. Se menciona que son androides orgánicos, pero este término podría aplicarse a ambos tipos, porque lo que importa no es la composición del cuerpo, sino la estructura del cerebro. A primera vista parece que debería ser lo primero; de lo contrario, no sería tan difícil distinguir a los humanos normales de los *replicantes*. En efecto, para distinguirlos se recurre a un test psicológico. Si los *replicantes* son seres humanos sintéticos, este procedimiento es razonable, pues habrán sido sometidos a un tipo de educación distinto. Si son robots con cerebro electrónico, es absurdo recurrir a este procedimiento, porque habrían sido diseñados con diferencias internas y bastaría con mirarlos por rayos X.

Por supuesto, en la actualidad ambos procedimientos de fabricación de *replicantes* están fuera de nuestro alcance y seguirán estándolo durante mucho tiempo, probablemente para siempre. No estamos hablando de ciencia ni de tecnología, sino de ciencia-ficción.

Si los replicantes son humanos sintéticos, como parece probable, la situación planteada por la novela y la película es inmoral, pues deberían ser considerados como seres humanos de pleno derecho, cualquiera que sea la forma en que hayan sido concebidos. Negarles el derecho a la vida sería abusivo.

Claro que esta novela, al igual que la película basada en ella, es una distopía, presenta un futuro que no es agradable. Además, ¿quiénes somos nosotros para condenarlos? ¿No hemos negado el derecho a la vida a una enorme proporción de seres humanos, todos los menores de nueve meses de edad a contar desde la fecundación? ¿No se está matando a millones ante nuestros ojos? Baste recordar que actualmente, en España, se somete a aborto provocado (se mata) a uno de cada cinco fetos o embriones concebidos.

Entre las novelas de Philip K. Dick, *Una mirada a la oscuridad* me gustó bastante más que *¿Sueñan los androides con ovejas eléctricas?*

43. LOIS MACMASTER BUJOLD: LA SERIE DE VORKOSIGAN

Hemos visto a Lois McMaster Bujold en calidad de autora de novelas de fantasía, pero es incluso más conocida por su ciencia-ficción, que prácticamente se reduce a su famosa serie de Vorkosigan. Esta serie puede considerarse desde el principio y en general como un alegato contra el aborto.

> Durante su embarazo, la madre de Miles Vorkosigan es víctima de un atentado con gases venenosos del que escapa ilesa, pero el feto queda afectado. A pesar de todas las presiones que recibe (especialmente de su suegro) para que ponga fin a la vida del feto, ella se empeña en que nazca el niño, que se convierte en un joven deforme y enano,

con huesos quebradizos pero con una inteligencia excepcional, que le lleva a los diecisiete años a convertirse en almirante de una flota espacial, a participar en batallas y aventuras sin cuento, a ser nombrado a los treinta años consejero y auditor del emperador de su planeta, y a casarse con una mujer excepcional.

Miles, por supuesto, lucha activamente contra el aborto y el infanticidio, especialmente en el cuento corto titulado *Las montañas de la aflicción*.

La serie consta de 17 novelas y 5 cuentos. Dos de las novelas son anteriores al nacimiento de Miles Vorkosigan y la protagonista es su madre, Cordelia, cuyas actividades bélicas son tan espectaculares como luego serán las de su hijo. En diez novelas y cuatro cuentos, el protagonista es Miles. En las otras cinco novelas y un cuento hay otros protagonistas. Una de estas la protagoniza Cordelia, que ya es viuda.

He leído trece novelas y cuatro de los cuentos. Mis favoritos son *Barrayar*, *El aprendiz de guerrero* y *Una campaña civil*. Veamos un par de citas de la última:

> Tu reputación es lo que los demás saben de ti. Tu honor es lo que tú sabes de ti mismo… Protege tu honor. Deja que tu reputación caiga donde caiga.

> La recompensa por un trabajo bien hecho suele ser un trabajo más duro.

Aparte de la lucha contra el aborto y el infanticidio, en las novelas de esta serie no interviene la religión, aunque Cordelia, la madre de Miles, cree en Dios. En compensación, su serie de los *Cinco dioses*, que revisamos en el capítulo de fantasía, abunda en ideas y conceptos religiosos, aunque no puedan considerarse, estrictamente hablando, cristianos. Por otra parte, las ideas de Bujold respecto a la moral colisionan en muchos aspectos con la ética cristiana.

44. ORSON SCOTT CARD: EL JUEGO DE ENDER

El enfrentamiento con los alienígenas es fundamental al principio de la serie de novelas de Orson Scott Card alrededor del personaje de Ender, un niño en el que los gobernantes de la Tierra detectan características de genio militar y lo educan para que se convierta en el conductor del ataque contra una civilización extraterrestre, los *insectores*, que se ha enfrentado a la nuestra. El resultado de la guerra es el exterminio de esta civilización, pero Ender, que al principio es vitoreado como salvador, se convierte con el tiempo en el *xenocida* y pasa el resto de su vida tratando de remediar el daño que ha hecho.

Para ello recorre la galaxia, ahora convertida en imperio de origen terrestre, y adopta el papel de *La voz de los muertos*, que es el título de la segunda novela de la serie. Aprovechando la contracción temporal relativista, Ender viaja por varios sistemas planetarios y consigue extender su vida varios miles de años, según la cuenta de la Tierra.

En la cuarta novela de la serie, *Hijos de la mente*, la humanidad se enfrenta de nuevo con la posibilidad de cometer un nuevo *xenocidio*, y es un Ender adulto quien salva a las dos civilizaciones extraterrestres amenazadas y a una forma de inteligencia artificial que ha surgido espontáneamente en las redes de comunicaciones interestelares de la Tierra.

Si bien Orson Scott Card pertenece a la iglesia de Jesucristo de los Santos de los Últimos Días (los mormones), de la que es miembro activo, empezó a cursar el doctorado (no lo terminó) en la universidad católica de Notre Dame. Este historial religioso se transparenta en sus obras: Ender es hijo del matrimonio mixto entre un padre católico y una madre mormona. En la cuarta novela de la serie, Ender ingresa como hermano lego en un monasterio católico en un planeta lejano.

Otra serie de Card, que tiene por protagonista a Alvin, pertenece al género de fantasía. Aunque algunos la consideran ucronía, no es una ucronía típica, pues no se pregunta qué pasaría si tal hecho histórico no hubiera tenido lugar como realmente ocurrió, sino qué pasaría si la magia fuera algo real, que interviniera en nuestra vida. Alvin es el séptimo hijo de un séptimo hijo y, como tal, tiene poderes especiales que le convierten en un *Hacedor*. Esta figura es un tanto ambigua, pues da la sensación de que se trata de una especie de nuevo Jesucristo. En sus aventuras, Alvin debe luchar con el *Deshacedor*, un enemigo invisible que evidentemente representa a Satanás.

45. MICHAEL FLYNN: EIFFELHEIM

Una buena novela histórica y de ciencia-ficción sobre Alemania y Europa en el siglo XIV, en la época de la Peste Negra. La ciencia de la época está bien descrita a través de los recuerdos de un sacerdote que ejerce como párroco en un pueblo pequeño cerca de la Selva Negra. La descripción del modo operativo de la Inquisición es correcta y ajena, en consecuencia, a la Leyenda Negra.

He detectado un único punto científico dudoso sobre el siglo XIV: «demuestran» que la Tierra no puede girar alrededor del Sol porque las estrellas fijas no muestran paralaje. Pero la distancia de la Tierra al Sol y la distancia a las estrellas fijas se conocían desde antes de la era cristiana, por lo que tenían que saber que un paralaje, si lo hubiera, sería indetectable a simple vista.

La parte actual de la novela, etiquetada *AHORA*, también es ciencia-ficción, ya que la ciencia descrita no es exactamente la nuestra. Por lo tanto, en lugar de *AHORA*, este tiempo debería llamarse *MAÑANA* o *HACIA EL FUTURO*. Se habla de que la velocidad de la luz no es constante y se menciona el *poliverso* (dimensiones espaciales adicionales). Sharon habla como si la teoría de cuerdas estuviera confirmada, pero no es así. Sus once dimensiones añaden una a las diez de la teoría M, una extensión imaginativa de la teoría de cuerdas que postula nueve dimensiones (ocho espaciales y una temporal). Esas dimensiones adicionales probablemente no existan. Pero la reacción de otros físicos a la teoría de Sharon nos da un buen ejemplo de la lucha de las teorías nuevas para imponerse a la ortodoxia. En cuanto a la *cliología*, es una ciencia inventada, más o menos lo mismo que la *psicohistoria* de Isaac Asimov en su *Trilogía de la fundación*. Este es otro elemento de ciencia-ficción en el tiempo etiquetado *AHORA*.

En conjunto, me gustó más la parte de la novela ambientada en el siglo XIV que la parte etiquetada *AHORA*.

Se supone que los extraterrestres son lo suficientemente avanzados técnicamente como para poder realizar viajes interestelares. Sin embargo, su ciencia teórica y práctica está al nivel de la ciencia de *AHORA*. Mencionan la ecuación de Einstein sobre la equivalencia entre materia y energía; utilizan computadoras, micrófonos, radiocomunicación, explosivos, pistolas y poco más, cosas que nosotros también tenemos. Y conocen las teorías científicas *heréticas* de Sharon, supuestamente utilizadas para acometer viajes interestelares.

Los extraterrestres varados en la Tierra son descritos como insectos gigantes, igual que otras especies extraterrestres de la literatura, como los de *El juego de Ender* (los *insectores*) o los de *Los primeros hombres en la luna* de H.G. Wells. La fantasía humana tiene límites, y para describir especies inteligentes realmente alienígenas debemos recurrir a formas animales conocidas, como los insectos, los pulpos o esos seres parecidos a gusanos peludos de *Historia de dos relojes* (James Schmitz) o los de mi novela *Bajo un cielo anaranjado*.

La parte de ciencia-ficción del pasado se funde bien con la parte histórica de la novela; no es, como en otros libros que he leído, un pegote.

Flynn es católico, por lo que su novela tiene muchas connotaciones religiosas, aparte del hecho de que su protagonista sea un sacerdote. Los extraterrestres están abiertos a la religión, hasta el punto de que algunos de ellos se convierten al catolicismo. Eso sí, el problema del dolor es uno de los elementos esenciales de la novela, puesto que los terrestres están afectados por la Peste Negra, mientras que los alienígenas, que son inmunes a ella, tienen dificultades para regresar a su mundo de origen, y los que se quedan en la Tierra acaban muriendo, porque les falta un aminoácido esencial para ellos, pero inexistente en los seres vivos terrestres.

Guillermo de Ockham, personaje real de aquella época, pasa brevemente por el pueblo y ayuda a dar el sabor adecuado a la parte histórica de la novela.

46. CORINNA TURNER: I AM MARGARET

Una notable distopía, todavía más perturbadora que *Brave New World* y comparable a *1984*, si bien los protagonistas padecen más ataques corporales que espirituales.

La acción tiene lugar en una Europa Unida del futuro, donde la religión está fuera de la ley y los creyentes son condenados a una muerte horrible: su ejecución tiene lugar por descuartizamiento en vivo, como se hacía con los *traidores* (término que incluía a los sacerdotes católicos) en la Inglaterra de los Tudor y los Estuardo.

En esta novela, todos los jóvenes, al terminar la enseñanza obligatoria, deben someterse a un examen. Los que no aprueben son separados de sus familias y confinados en residencias que más bien son cárceles comunitarias para aprovechar sus órganos cuando los necesiten otras personas compatibles con ellos. Eso sí, al revés que los sacerdotes y otros traidores, cuyos órganos se arrancan estando ellos conscientes, a los jóvenes se les concede una muerte más dulce: los sedan antes de descuartizarlos.

Margaret, la protagonista de la novela, no aprueba el examen y se ve confinada en una de esas cárceles, pero con ayuda de su novio, *Bane*, consigue ganar un premio literario en el que cuenta su situación, que casi todos los ciudadanos desconocen, y posteriormente ayuda a escapar a muchos de sus compañeros. Por desgracia, termina cayendo en manos del enemigo (representado por el médico de la residencia), que se dispone a descuartizarla.

La novela es la primera de una serie que continúa sin solución de continuidad temporal en seis novelas, además de varios relatos breves.

Corinna Turner es también autora de la serie de ciencia-ficción *Unsparked*, una especie de *mundo jurásico* desbordado, en que los dinosaurios reconstruidos genéticamente se han escapado y vuelven a dominar la Tierra, confinando a los seres humanos en recintos protegidos por vallas electrificadas. Esta serie contiene (hasta el momento de escribir este libro) once novelas y varios cuentos cortos.

Otra serie muy interesante de Corinna Turner se titula *Amigos en las alturas*, y está formada por varios libros que describen de forma novelada la vida de varios santos y beatos importantes de la Iglesia católica. Estos son los libros que forman esta serie, los protagonistas y los santos correspondientes:

1. *El chico que lo sabía*: El protagonista es Daniel, un adolescente al que acaban de diagnosticarle leucemia. Su amigo en las alturas es Carlo Acutis, beatificado pocos días antes de la publicación de este libro, cuya traducción al español fue revisada por mí.

2. *Old Men don't Walk to Egipt* (*Los viejos no van andando a Egipto*). La protagonista es Katie, una adolescente a punto de meterse en líos con un novio predador y un padre en la cárcel. Daniel la ayuda a salir de esa situación recomendándole a san José como amigo en las alturas.

3. *Child, Unwanted* (*Niño no deseado*). El protagonista es Miri, que primero sobrevivió a un aborto provocado y después a un accidente mortal que le deja inválido. Su amiga en las alturas es Margaret de Castello, santa italiana, ciega y coja del siglo XI que fue canonizada por el Papa Francisco en 2021. Daniel también aparece como personaje secundario en este libro, que es un alegato contra el aborto.

4. *A Lion for a Tomb* (*Un León como Tumba*). El protagonista es Razim, amigo musulmán de Daniel, y su amigo en las alturas es san Ignacio de Antioquía, mártir de principios del siglo II.

47. C.D. VERHOFF: COMET DUST

Comet Dust (*Polvo de cometa*) es una novela apocalíptica en el sentido etimológico del término. Se trata de una versión novelada del principio del fin de los tiempos, al estilo de algunas interpretaciones del Apocalipsis.

Al final del libro hay una recopilación de predicciones respecto al fin de los tiempos extraídas de diversas revelaciones privadas. Como se sabe, los católicos no tenemos obligación de creer en ellas. El argumento de la novela está basado en algunas de esas predicciones.

La protagonista cae en algunos de los pecados más abyectos, pero hacia la mitad de la novela se convierte, es absuelta y emprende una nueva vida, con lo que gana la protección del Manto de la Virgen María, que la salva de los peligros apocalípticos que acechan a los personajes. El destino de alguno de estos se describe con detalles escalofriantes.

No creo que la cuestión sea si las cosas pueden llegar a suceder de esta manera. Prefiero considerar todo el libro como una advertencia que nos dice lo que podría suceder, en el mismo sentido que la visión que tiene la protagonista al principio del libro es una advertencia. Y no hay que olvidar que su segundo nombre es Magdalena. Esto es crucial para el relato.

La novela, abrumadora, te atrapa desde el inicio. Leí sus 300 páginas en menos de dos días y, cuando terminé, tuve una poderosa sensación de aplastamiento mental.

Esta autora tiene también una serie de ciencia-ficción posta-pocalíptica titulada *Avant Nation*, en una línea parecida a la de *Un mundo feliz* de Aldous Huxley, donde la población se ha dividido en varios tipos de personas, separadas durante el embarazo en úteros artificiales mediante manipulación genética. Como en la novela de Huxley, la protagonista está mal adaptada a su sociedad, permanentemente dispuesta a hacer algo que contraviene las reglas. Pero el final de la primera novela de la serie (*Resist the Machine*) es diferente. En lugar de suicidarse, la protagonista termina convirtiéndose en heroína.

La sociedad que nos presenta esta novela es asfixiante, sin Dios, sin libertad, salvo la sexual, como en la novela de Huxley. El Estado ocupa el lugar de Dios, con un poder de decisión absoluto sobre la vida y la muerte de los ciudadanos que, además, delega en máquinas (el algoritmo). La principal diferencia de este libro con la novela de Huxley está en la segunda guerra civil de los Estados Unidos de América, que permite introducir aventuras bélicas y comparar dos estructuras sociales diferentes. Esto no está en la novela de Huxley, aunque se podría aducir que en ese caso es innecesario, porque *Un mundo feliz* no es una novela de aventuras, como esta serie.

48. ANDREW GILLSMITH: OUR LADY OF THE ARTILECTS

El tema de la posibilidad de la inteligencia artificial fuerte y sus consecuencias es bastante frecuente en la literatura de ciencia-ficción, tanto entre creyentes como entre ateos. La cuestión se puede expresar así:

> ¿Seremos capaces algún día de crear entidades artificiales dotadas de autoconsciencia? Si fuese posible, ¿qué derechos deberíamos concederles? ¿Podemos temer que intenten suplantarnos?

La novela de Andrew Gillsmith, publicada en 2022, parte de la base de que la respuesta a la primera pregunta será afirmativa. La segunda es el meollo de su asunto. La tercera no se plantea.

En el mundo futuro del siglo XXIII, con la Cristiandad reunificada en un nuevo Sacro Romano Imperio con un emperador filipino, el mundo islámico organizado en un nuevo Califato y los chinos oprimidos por un Estado consagrado al genocidio, la tecnología de la inteligencia artificial ha dado lugar a robots humanoides que podrían ser conscientes. Curiosamente, los Estados Unidos de América o sus sucesores apenas toman parte en la trama.

La novela empieza cuando un androide (el término usado es *artilecto*) se refugia en la basílica de Nuestra Señora de Nigeria en Benin y afirma estar poseído por un demonio. El Vaticano envía un exorcista para investigar la situación. Paralelamente, parece que la Virgen María se ha aparecido, o va a aparecerse, a los *artilectos*.

No me gustó un detalle: la Iglesia católica ha declarado que el entonces cardenal Ratzinger, después Benedicto XVI, difundió el tercer secreto de Fátima en el año 2000. Algunos se empeñan en negarlo. Parece que este libro los apoya. También niega que Juan Pablo II consagrara Rusia al Inmaculado Corazón de María. Dice que el Papa pensó que el tiempo para hacerlo había concluido. Esto contraviene lo que afirmó el propio Juan Pablo II: que él cumplió correctamente la petición de María en Fátima. Además, el Papa Francisco repitió la consagración en 2021, antes de la fecha en que se editó esta novela. Ya sé que este libro es ficción, pero la historia no debería manipularse, a menos que se trate de una ucronía, y esta novela no lo es.

Las cuestiones éticas y filosóficas planteadas por este libro me recuerdan mi novela *Operación Quatuor*, que escribí en el año 2000 y se publicó en 2016, si bien su trama es mucho más oscura que la mía.

La cuestión de la extensión de los derechos humanos a los robots es uno de los temas clásicos de la ciencia-ficción, planteado por igual por autores ateos, agnósticos y creyentes. Isaac Asimov, por ejemplo, lo aborda en su cuento *El hombre del bicentenario*, publicado en 1976. En una de mis obras, *La escala de Jacob*, he ampliado el alcance del problema, extendiéndolo también a posibles seres inteligentes del futuro que sólo existirían dentro de un programa de ordenador en el que habrían surgido como consecuencia de experimentos de vida artificial, que es una de las ramas de la informática.

49. MANUEL ALFONSECA: MIS OBRAS DE CIENCIA-FICCIÓN

A lo largo de mi vida he publicado once novelas de ciencia-ficción que, teniendo en cuenta los temas o subgéneros en que se divide este género, mencionados en la vigésimo tercera sección de este libro, pueden clasificarse así:

1. *La conquista del sistema solar*: en este subgénero he publicado cuatro novelas, tres de las cuales tienen lugar en Marte y una en Venus. Sus títulos son *Bajo un cielo anaranjado*, sobre el principio de la colonización de Marte en la década de 2040, y en la que se plantea un importante problema ético que la protagonista tendrá que resolver, de forma transitoria, aplicando el principio del mal menor; *Descenso al infierno de Venus*, cuyo argumento se desarrolla justo a continuación de la novela anterior, describe la primera expedición tripulada a Venus, con una trama paralela de tipo político y periodístico que tiene lugar en la Tierra; *Operación Quatuor*, cuya acción tiene lugar en el siglo XXII, cuando la colonización de Marte está más avanzada, hasta el punto de que ya existe en ese planeta una ciudad, *Articity*, además de diversas cabezas de puente de los diversos grupos que se enfrentan en la novela; y finalmente, *Operación Viginti*, que clausura la serie resolviendo definitivamente el problema que sólo se resolvió

transitoriamente en el primer volumen. En este libro, la exploración del sistema solar se ha extendido ya hasta los satélites de Júpiter, uno de los cuales, Calisto, desempeña un papel importante en el argumento.

2. *Los viajes interestelares*: en este subgénero tengo otra serie formada por dos novelas. La primera es *La historia de la colonia Tierra-9*, en la que he empleado dos formas clásicas de acometer viajes interestelares: los viajes a velocidades próximas a la de la luz y los viajes a través del mundo de los taquiones. Este libro puede considerarse también como ejemplo de otro subgénero, el *contacto con inteligencias extraterrestres*, ya que en el planeta en el que se desarrolla la historia existen, no una, sino dos especies inteligentes que vivían allí antes de la llegada de los terrestres. Pero en realidad esta historia esconde un tema completamente diferente, ajeno a la ciencia-ficción, que no voy a contar aquí porque, de hacerlo, le hurtaría al lector la posibilidad de descubrirlo por sí mismo. La novela continúa en una segunda parte, *Retorno a la colonia Tierra-9*, que también puede ser interpretada de la misma forma críptica que la primera.

3. *La inteligencia artificial fuerte* es el tema de tres de mis obras que extrapolan dos formas posibles de conseguirla, en teoría: *La escala de Jacob* y las ya mencionadas *Operación Quatuor* y *Operación Viginti*. La primera plantea un paralelo a cuatro niveles entre la creatividad humana y el universo en que vivimos que se parece a la segunda vía de santo Tomás de Aquino para demostrar la existencia de Dios. De las otras dos he hablado más arriba. Añadiré que, aunque suelo declararme escéptico respecto al logro de la inteligencia artificial fuerte, en mis novelas soy mucho menos incrédulo. Si no fuera así, no habría novela y, además, esto me permite introducir algunas de mis ideas filosóficas sobre el efecto que podría conllevar en nuestro

modo de pensar la hipotética construcción de seres artificiales inteligentes, de acuerdo con mi segunda regla de oro, que es también la tercera de Isaac Asimov.

4. *Los viajes en el tiempo*: respecto a este subgénero, digo lo mismo que en el anterior: no creo que sea factible en realidad, pero darlo por posible me permite mezclar dos géneros distintos: la ciencia-ficción y la novela histórica. En mi novela *Un rostro en el tiempo* se habla de la Revolución francesa; también aparece en este libro otro avance futuro que probablemente sea también imposible: la transferencia de materia (y de seres humanos) a través del espacio. Y en *Más allá del agujero negro*, el protagonista se ve proyectado al país de los indios Dakota, poco antes de la batalla de Little Big Horn.

5. Otro subgénero, sobre el que no hablé en la sección número 23, es la *ciencia-ficción evolucionista*, que plantea cuestiones relacionadas con la evolución biológica. En *Tras el último dinosaurio*, abordé el tema de la posible aparición alternativa de seres inteligentes aquí mismo, en la Tierra; y en *Los moradores de la noche* me pregunto por el momento exacto del origen del hombre: a partir de qué momento en la evolución de nuestros antepasados podemos hablar de seres humanos con derecho a ser tratados como tales.

No voy a juzgar aquí si mis once novelas cumplen o no mis reglas de oro. Habrán de decidirlo mis lectores.

AUTORES NO RELIGIOSOS Y ANTIRRELIGIOSOS

50. FANTASÍA Y CIENCIA-FICCIÓN ANTICRISTIANAS Y ARRELIGIOSAS

Las obras de fantasía y ciencia-ficción anticristianas, antirreligiosas y arreligiosas se pueden dividir en varios grupos.

A veces, el autor de una novela en cuyo argumento interviene el cristianismo puede ser agnóstico o incluso ateo, en cuyo caso es probable que la fe del personaje cristiano aparezca bajo una luz negativa y conlleve sobre él efectos retrógrados o represivos, como ocurre en la excelente novela de Poul Anderson *Órbita ilimitada*.

Las que ignoran toda referencia a la religión o plantean su desaparición futura, como si esta forma del comportamiento humano hubiese quedado desfasada y no tuviese porvenir. Los autores de las obras pertenecientes a este grupo suelen ser ateos.

Algunos están dispuestos a aceptar un Dios que no se sitúe al principio del universo, sino al final, que aparezca como resultado y producto de la evolución, de ese progreso indefinido que se ha convertido en el mito más importante de nuestra época.

Otros admiten la persistencia futura de la religión, pero no del cristianismo, que para ellos es una más entre las religiones de la Tierra, susceptible de desaparecer. Por ejemplo, Arthur C. Clarke nunca ha ocultado sus simpatías por el budismo, que al ser una religión atea, cuadra mejor con sus creencias.

Algunos atacan abiertamente el cristianismo; lo consideran nocivo para la humanidad. Citaré la trilogía de *La materia oscura*, de Philip Pullman. El autor concibió la trilogía como una antítesis del *Paraíso perdido* de Milton en la que el diablo desempeñase el papel del héroe y Dios el del villano. También se ha dicho que con estos libros quería oponerse a las *Crónicas de Narnia* de C.S. Lewis.

Las que se refieren explícitamente al cristianismo, pero lo desvirtúan de alguna manera. Valga como ejemplo *Caballo de Troya*, que intenta explicar los acontecimientos fundamentales de la vida de Cristo en función de una supuesta intervención en la Tierra de inteligencias extraterrestres que habrían utilizado su conocimiento superior de la ciencia para protagonizar hechos aparentemente extraordinarios que así perderían toda connotación milagrosa.

51. FRANK BAUM: EL MAGO DE OZ

En el capítulo III consideré como cristianos a dos escritores que, en realidad, eran antropósofos, porque la antroposofía puede considerarse como una religión poscristiana. Para compensar, a los adeptos a la teosofía voy a considerarlos como no cristianos, pues esa religión es diferente, sin duda con influencias cristianas, pero con tendencias extraídas del paganismo antiguo, del hinduismo, del budismo y hasta del islam. Entre las ideas que defienden están el espiritismo, la magia, el ocultismo y la cábala. Todas estas cosas, más que poscristianas, son anticristianas.

Frank Baum se educó como cristiano protestante, primero metodista, después episcopaliano, pero finalmente acabó en la Sociedad Teosófica. Algunos críticos sostienen que su gran éxito literario, *El maravilloso mago de Oz*, está influido por la teosofía. La verdad es que ni la religión ni la Iglesia se mencionan en ninguno de los catorce libros que componen la serie del Mago de Oz, excepto en una escena del primer libro en la que el león cobarde rompe una iglesia de porcelana. Este es el argumento del libro:

Dorothy Gale y su perro Toto son arrastrados por un tornado hasta el país mágico de Oz, donde se reúnen con otros personajes para ir en busca del Mago de Oz, que debería conceder su deseo a cada uno de ellos. El de Dorothy es volver con Toto a su casa de Kansas. El espantapájaros quiere un cerebro, el hombre de metal quiere un corazón, y el león cobarde quiere ser valiente. En su empresa tienen que luchar con la Bruja Mala del Oeste y les ayuda Glinda, la Bruja Buena del Sur, que también aparece en las secuelas.

La serie de Oz dio lugar a numerosas adaptaciones al cine, el teatro y la televisión. La más famosa es la película *El mago de Oz*, de 1939, con Judy Garland en el papel de Dorothy Gale.

Entre otros libros escritos por Frank Baum se puede mencionar *La llave maestra* (*The Master Key*), publicada en 1901, en la que un chico de quince años hace experimentos con aparatos eléctricos. En uno de ellos se le aparece el *Daemon de la electricidad*, que le concede diversos regalos que pertenecen más bien al género de la ciencia-ficción, tales como un tubo de rayos eléctricos que aturden durante una hora, un reloj que permite volar a quien lo lleva, una capa que hace invulnerable, un aparato que permite ver a distancia cualquier cosa que haya sucedido y otro dispositivo que permite comunicarse con cualquier persona en cualquier parte del mundo. Algunos de estos dispositivos se parecen mucho a objetos de los que disponemos en el mundo actual.

Otro libro de Frank Baum que se publicó en 1902 es *Vida y aventuras de Santa Claus*.

52. H.G. WELLS: EL MUNDO SE LIBERTA

H.G. Wells fue, junto con Julio Verne, uno de los creadores de la ciencia-ficción. Transitó de creyente a ateo en una larga evolución. Todavía en 1915, su cuento *La historia de la última trompeta* tiene sorprendentes connotaciones teológicas. En un cuento publicado en 1894, *El señor de las dínamos*, Wells dice haber creado *la más efímera de todas las religiones*. El relato contiene un párrafo interesante que Wells podría haberse aplicado a sí mismo años más tarde, cuando se hizo ateo: «Dudaba de la existencia de la Divinidad, pero aceptaba el ciclo de Carnot; había leído a Shakespeare y lo encontró flojo en química».

Como indiqué en el segundo capítulo, el gran éxito de previsión científica de H.G. Wells fue la novela *The World Set Free* (*El mundo se liberta*, 1913), que no sólo anticipó la bomba atómica, sino que influyó en su realización práctica, estimulando las investigaciones de Leo Szilard sobre la reacción en cadena de neutrones. También es verdad, no obstante, que Wells cometió un fallo en esta novela, pues predijo en 1913 que la Primera Guerra Mundial empezaría en 1956. Pero, como él mismo dijo al respecto en el prefacio del libro, algunos años más tarde: «Siempre he sido un profeta un poco lento».

En esta novela, Wells afirma que la monarquía británica es «la corona más antigua del mundo». Esto es falso, tanto si se refiere a la corona como símbolo (hay coronas de seis mil años de antigüedad) como si se refiere a la monarquía inglesa (la monarquía japonesa es más antigua). Ni siquiera si restringiésemos la afirmación a Europa sería verdadera. Parece extraño que un hombre que escribió sobre la historia del mundo cometa este error flagrante.

El prefacio del libro y parte del cuarto capítulo vienen a ser una versión reducida de lo que unos años más tarde será su libro *Esbozo de la historia* (*An Outline of History*). Los dos últimos capítulos son un resumen de las ideas políticas de Wells para el futuro de la humanidad. Como es habitual en muchos movimientos políticos, un puñado de hombres decide sobre el futuro, la vida y la propiedad privada de miles de millones de personas, como intentan hacer hoy los impulsores del Gran Reinicio.

Wells piensa que la utopía está a punto de hacerse realidad gracias a la ciencia, a la que considera salvadora de la humanidad, junto con la renuncia al individualismo en favor del colectivismo. En sus elucubraciones sobre el futuro de la ciencia anticipa el transhumanismo. En el capítulo 5, sección 12, señala al cristianismo como el iniciador y precursor de este movimiento social:

> El cristianismo fue la primera expresión de la religión mundial, el primer repudio completo del tribalismo y la guerra y la disputa... El sentido común de la humanidad ha luchado durante dos mil años de dura experiencia hasta descubrir por fin qué sentido tan sensato tienen las frases familiares de la fe cristiana. El pensador científico, al ampliar su visión a los problemas morales de la vida colectiva, tropieza inevitablemente con las palabras de Cristo, de igual modo que el cristiano, a medida que se aclaran sus pensamientos, llega inevitablemente a la república mundial.

O sea, piensa que el cristianismo anticipó sus ideas (las de Wells), pero se ha quedado atrás. Puesto que Wells no era cristiano, esta postura es, aunque comprensible, discutible.

Catorce años antes que esta novela, Wells había publicado *Cuando el dormido despierta* (*When the Sleeper Wakes*), imitación de la novela de Bellamy, deuda que Wells reconoce, pero con matices. Si la de Bellamy predecía un mundo socialista para el año 2100, Wells predice el advenimiento de una plutocracia antidemocrática, lo que significa que lo vio como una distopía, más que como una utopía. De hecho, esta novela podría ser un primer paso en la evolución hacia el mundo de los Morlock y los Eloi que describe *La máquina del tiempo*. En cambio, *El mundo se liberta* sí puede considerarse una utopía. Parece que en esos catorce años Wells pasó a ser más optimista en sus ideas sobre la evolución de la sociedad.

Veamos una cita de *Cuando el dormido despierta*: «Los partidos Socialista y Popular, Reaccionario y de la Pureza se convirtieron por fin en peones de la Bolsa de Valores y vendieron sus principios para pagar su campaña electoral».

En esta novela hay una predicción en la que Wells se distancia de *El mundo se liberta*, donde afirmó que la ciencia nunca podría reducir la tasa de mortalidad infantil, que en 1900 rondaba el 20% en el primer año de vida fuera del cuerpo de la madre. En cambio, en *Cuando el dormido despierta* dice que en 200 años la tasa de mortalidad de los niños pequeños se habría reducido al 0,5%. En mi opinión, Wells acertó en ambas afirmaciones, aunque parezcan opuestas. Hoy la tasa de mortalidad en el primer año es aproximadamente igual al 0,5%, pero mientras el bebé está dentro de la madre ronda el 20%, porque los matan en abortos provocados. Por supuesto, Wells no se refería a esto.

53. ALDOUS HUXLEY: UN MUNDO FELIZ Y GEORGE ORWELL: 1984

Así como una *utopía* es una obra literaria que describe una sociedad perfecta, desde el punto de vista de su autor, una *distopía* es la descripción de una sociedad en la que ciertas características del mundo en que vive el autor, que este considera inaceptables, son exageradas y llevadas hasta el extremo, con intención satírica o de denuncia.

Las dos guerras mundiales provocaron en Occidente una desilusión que dio lugar a las dos distopías más famosas de la historia reciente: *Un mundo feliz*, de Aldous Huxley (*Brave New World*, escrita en 1931, publicada en 1932), y *1984*, de George Orwell (*Nineteen-Eighty-Four*, escrita en 1948, publicada en 1949). Estas dos obras son originales en otro sentido: mientras otras distopías anteriores (como *Erewhon*, de Samuel Butler, 1872) estaban situadas en lugares remotos, como las Antípodas, estas dos distopías modernas tienen lugar en el futuro.

La sensación de opresión que se apodera del lector de estas dos novelas es casi insoportable. En ambos casos, los rarísimos inconformistas que puedan aparecer en la sociedad son excluidos de ella: en la primera, se les destierra a una isla; en la segunda, la exclusión es sólo temporal: se somete al rebelde a un lavado de cerebro con el objetivo de destruir su espíritu y convertirlo en un desecho mental, materia prima sobre la que el planificador social puede actuar, remodelar y educar hasta conseguir su recuperación y readaptación a la sociedad. Las dos distopías son horribles, pero tienen un poder de convicción y una verosimilitud notables.

Más de un cuarto de siglo después de la publicación de su novela, Aldous Huxley escribió un ensayo titulado *Nueva visita al mundo feliz* (*Brave New World Revisited*, 1958) en el que revisaba la evolución de la sociedad moderna y la comparaba con las previsiones de las dos distopías, la suya y la de Orwell. En resumen, sus conclusiones son las siguientes:

1. Cuando escribió *Un mundo feliz*, pensaba que sus predicciones tardarían al menos seis siglos en cumplirse. Un cuarto de siglo después, ve a la sociedad occidental tan avanzada en el camino hacia su distopía, que ya no piensa lo mismo y la prevé, como muy tarde, para el siglo XXI.

2. Cree que *Un mundo feliz* va a estar mucho más cerca de la realidad que *1984*, porque en este último se prevé un mundo en guerra permanente, en el que, como es natural, los disidentes son obligados a adaptarse mediante la fuerza bruta. En cambio, en la sociedad de *Un mundo feliz* se consigue erradicar el pensamiento libre por medios pacíficos, proporcionándoles a los miembros de la sociedad alternativas como sexo libre, drogas no nocivas, y distracciones sin fin.

Veamos algunas citas:

> Parodiando las palabras de Winston Churchill, nunca tantos han sido tan manipulados por tan pocos.

[Muchas personas] son normales sólo en relación con una sociedad profundamente anormal. Su adaptación perfecta a esa sociedad anormal es una medida de su enfermedad mental. Estos millones de personas anormalmente normales, que viven sin problemas en una sociedad a la que, si fuesen plenamente seres humanos, no deberían adaptarse, conservan «la ilusión de la individualidad», pero de hecho han perdido en mayor o menor grado su individualidad. Su conformismo se ha convertido en uniformismo.

Darles a las organizaciones precedencia sobre las personas es supeditar los fines a los medios. Lo que pasa cuando se supeditan los fines a los medios lo demostraron claramente Hitler y Stalin.

Los seres humanos son mucho menos racionales y justos por naturaleza de lo que suponían los optimistas del siglo xviii. Por otra parte, tampoco son tan moralmente ciegos ni tan desesperadamente irrazonables como los pesimistas del siglo xx quisieran hacernos creer.

Huxley tiene razón cuando dice que la sociedad actual está fomentando su propia conversión en termitero, precisamente mediante los métodos que él señaló. Pero al afirmar que su visión está más próxima a la realidad que la de Orwell, olvida una de las previsiones de este, que está todavía más cerca de cumplirse. En *1984*, los miembros de esa sociedad se someten a la manipulación porque están sometidos a vigilancia permanente, lo que se expresa mediante una frase lapidaria:

Big Brother is Watching You (El Gran Hermano te está observando).

¿Cómo se realiza esa vigilancia? Mediante televisores que no se puede desconectar y que emiten permanentemente información en sentido contrario al usual: el sonido y la imagen que tienen delante. Y como hay televisores en todas partes, siempre encendidos, cada ser humano concreto permanece continuamente bajo la mirada de quienes le vigilan.

¿Qué tenemos hoy? Lo mismo, sólo que no en forma de televisores, sino de teléfonos móviles inteligentes (*smartphones*). ¿Se han fijado en que es imposible desconectar por completo estos aparatos? Hay un indicio que nos hace sospechar: si apagas el teléfono móvil por la noche, al encenderlo por la mañana ha perdido algo de la carga de la batería. Esto no ocurría con los teléfonos de la generación anterior, menos listos, que pueden estar semanas desconectados sin perder carga. Tampoco ocurre con los ordenadores personales, cuya batería se descarga muy despacio mientras están apagados.

La conclusión es obvia: las dos distopías del siglo xx amenazan con hacerse realidad. El aviso de sus dos autores está a punto de suceder. ¿Qué podemos hacer? Veamos lo que dice Aldous Huxley:

> Algunos creemos que los seres humanos no pueden ser completamente humanos sin libertad y que, por tanto, la libertad es un valor supremo. Quizá las fuerzas que amenazan actualmente la libertad sean demasiado fuertes para poder resistirlas por mucho tiempo. Sin embargo, es nuestro deber hacer lo que podamos para resistirlas.

Como otros autores de este capítulo, Aldous Huxley se sintió atraído por las religiones orientales, especialmente el hinduismo, aunque él mismo solía clasificarse como agnóstico, a ejemplo de su abuelo, Thomas Henry Huxley, que inventó ese término.

George Orwell, en cambio, era ateo, aunque siguió participando en las celebraciones de la Iglesia de Inglaterra, en la que había sido educado. Por escrito, sin embargo, criticaba el cristianismo y todas las religiones. Políticamente, comenzó como adepto al comunismo, pero acabó desencantado y escribió una sátira mordaz en su contra: *Rebelión en la granja* (*Animal Farm*, 1945).

54. ISAAC ASIMOV: LA ÚLTIMA PREGUNTA

Este es uno de los cuentos más famosos de Isaac Asimov, especialmente entre los ateos. Su trama es esta:

> Al comenzar la era del ordenador, los seres humanos, que siempre han estado obsesionados por el ansia de alcanzar la inmortalidad, plantean a sus nuevas máquinas esta pregunta: «¿Seremos capaces algún día de detener el efecto del segundo principio de la termodinámica, que nos llevará, más pronto o más tarde, a la muerte térmica del universo, por lo que la vida ya no será posible?» La computadora responde: «No tengo datos suficientes para contestar a esta pregunta». El cuento da entonces varios saltos hacia el futuro, en el que los ordenadores son cada vez más complejos y potentes, pero siempre se obtiene la misma respuesta. Por fin, dentro de muchísimos millones de años, todos los seres inteligentes del universo, humanos y ordenadores incluidos, llegarán a unirse en un único ser, que se hace a sí mismo la pregunta y la responde: «Sí. Es posible. Voy a hacerlo ahora». Y añade: «¡Hágase la luz!». Y la luz se hizo.

¿Por qué les gusta tanto a los ateos este cuento? Porque, en lugar de recurrir a un Dios creador del universo y de la evolución, hace al universo y a la evolución creadores de Dios.

Una versión más concisa de este cuento es *La respuesta*, del también ateo Fredric Brown, en la que los constructores de un superordenador le hacen la pregunta «¿existe Dios?», y reciben la respuesta: «¡Ahora, sí!».

También abunda en esta línea la novela de Frank Herbert y Bill Ransom *The Jesus Incident* (1979), donde el *dios* engendrado por los seres humanos es una inteligencia artificial (*Ship*). Los títulos de esta novela y de sus dos continuaciones, *The Lazarus Effect* y *The Ascension Factor*, denotan claras connotaciones religiosas (o quizá antirreligiosas). Véase la sección dedicada a Frank Herbert.

En su libro de divulgación científica *The Anthropic Cosmological Principle*, publicado en 1986, los cosmólogos John Barrow y Frank Tipler plantean tres principios antrópicos diferentes:

1. El principio antrópico débil o *WAP* (este es el que formuló Brandon Carter en 1973): la constatación de que estamos aquí impone ciertas restricciones al universo, como haber durado lo suficiente para que pueda aparecer en él la vida inteligente. Supone también que nuestro planeta tiene que cumplir las condiciones mínimas para que sea posible la vida.

2. El principio antrópico fuerte o *SAP*: la constatación de que estamos aquí supone que el universo tiene que cumplir las condiciones mínimas para que sea posible la vida.

3. El principio antrópico final o *FAP*: la afirmación de que la vida inteligente, una vez ha aparecido en el universo, ya no puede desaparecer.

Mientras los dos primeros principios antrópicos son aceptados por todo el mundo, muy pocos cosmólogos aceptan el principio antrópico final. ¿Cuáles serían sus consecuencias? Que el universo debería ser cerrado: después de alcanzar cierto grado de expansión, volverá a contraerse y acabará en un *Big Crunch*, que sería precisamente el momento en que la vida inteligente alcanzaría una capacidad de proceso de información infinita. Barrow y Tipler lo llaman «punto omega».

Este nombre es un homenaje a Pierre Teilhard de Chardin, quien llamó así al punto final de la evolución de la vida en el universo. Sin embargo, Barrow y Tipler no han entendido a Teilhard (del que sólo han leído *El fenómeno humano*). De hecho, le han entendido al revés.

El Punto Omega de Teilhard de Chardin es la segunda venida de Cristo, el momento en que Dios creador confluirá con el punto final de la evolución para sacarlo del universo y asegurar su salvación. En cambio, el punto omega de Barrow y Tipler, como el final del cuento de Asimov, sería el momento en que la vida inteligente transcenderá el universo sin ayuda externa y dará origen a un ser omnisciente, omnipotente y omnipresente (o sea, a Dios).

No me parece absurdo identificarlo con el anticristo.

55. JAMES BLISH: UN CASO DE CONCIENCIA

Según él mismo se definió en un prólogo escrito para esta novela[3], James Blish era agnóstico, aunque conocía bien la doctrina católica. Igual que *Cántico a san Leibowitz*, esta novela fue publicada en 1953 como cuento corto, pero cinco años después Blish le añadió una segunda parte. Este es su argumento:

> Hacia el año 2050, la tecnología ha avanzado tanto que los viajes interestelares no sólo son posibles, sino fáciles. Una expedición de cuatro astronautas, dirigida por un astrónomo católico jesuita, parte hacia un planeta extrasolar en el que se ha detectado la presencia de seres inteligentes. Los astronautas descubren que la civilización extraterrestre no conoce el pecado ni la religión, aunque son pacíficos y siguen una ética basada en la razón. El jesuita concluye que estos seres no han sido creados por Dios, sino por el diablo. Su postura herética maniquea es condenada por la Santa Sede, que a pesar de ello le encarga que realice un exorcismo sobre todo el planeta. Mientras lo está realizando, otros colonizadores terrestres que buscaban material radiactivo desencadenan una reacción en cadena que destruye totalmente el planeta y a todos sus habitantes.

En el prólogo, Blish explica que su intención no era discutir la doctrina de la Iglesia católica sobre estas cuestiones, sobre la que he hablado al referirme a la *Trilogía cósmica* de Lewis y al cuento *El hombre* de Ray Bradbury. En realidad, lo que le impulsó a escribirla era la descripción de la evolución mental de su protagonista, el sacerdote jesuita peruano Ruiz Sánchez.

---

3   https://sciencefiction.loa.org/biographies/blish_forward.php, visitado el 13/4/2025.

Para explicar que sea posible viajar con facilidad a las estrellas, Blish supone que para el año 2050 la teoría de la relatividad especial de Einstein habrá sido derogada y que será posible viajar a velocidades mucho mayores que la de la luz. En el prólogo, Blish expresa su sorpresa porque su novela, que provocó un gran debate teológico, apenas tuvo repercusiones científicas, pues ningún físico se molestó en cuestionar la propuesta.

56. STANISLAS LEM: EDEN Y SOLARIS

Lem es un escritor polaco ateo, conocido sobre todo por una novela de ciencia-ficción, *Solaris*, que tiene la originalidad de describir una de las especies de seres extraterrestres inteligentes más distintas de nosotros de toda la literatura, comparable a la novela *La nube negra* del astrónomo Fred Hoyle.

Dos años antes que *Solaris*, Lem publicó *Eden*, que sigue la misma línea: destacar la dificultad de comunicación entre humanos y alienígenas cuando no hay nada o casi nada en común y la mayoría de las deducciones que hacen los humanos sobre los extraterrestres son injustificadas.

Eden se divide en dos partes. En la primera, los humanos exploran vislumbres de la sociedad alienígena y no entienden nada. En la segunda (los dos últimos capítulos) consiguen comunicarse con un extraterrestre educado y se hacen una idea bastante negativa de la situación, pero no están realmente seguros de haber entendido bien.

Los seis personajes humanos (en su mayoría sin nombre) discuten mucho sobre asuntos intelectuales y morales. Finalmente deciden irse sin ayudar a los alienígenas, ya que no están seguros de que realmente necesiten auxilio y dudan de su capacidad para brindársela. Un indicio final sobre la situación es que los dos alienígenas con los que han contactado prefieren morir bajo el fuego del despegue del cohete antes que regresar a su propia sociedad.

Lo que describe Lem en *Eden* es la dificultad de contactar con inteligencias extraterrestres cuya visión del mundo puede ser muy diferente de la nuestra. Sería difícil, pero quizá posible. Serían diferentes, pero no del todo ajenos.

En *Solaris* Lem da un paso más y analiza una situación en la que el contacto es imposible y no existe nada en común entre nuestra visión del mundo y la del ser extraterrestre. En esta novela, el océano que cubre el planeta Solaris es el ser extraterrestre. Uno solo. Que cada uno se imagine cómo se podría contactar con un ser así y qué podríamos tener en común con él.

Como ateo militante, Lem introduce una discusión cerca del final de la novela: afirma que la religión es un atavismo y que en el futuro todos serán ateos. Pienso que se puede escribir ciencia-ficción sin tomar partido, dejando que los lectores saquen sus propias conclusiones. Aun así, esta novela de ciencia-ficción está bien construida.

Me gustó menos otra novela de Lem, titulada *Retorno de las estrellas*, que trata sobre uno de los temas clásicos de la ciencia-ficción: la dificultad psicológica de adaptarse a vivir en una Tierra en la que han pasado más de cien años, cuando el viaje de los astronautas sólo había durado diez, gracias a la contracción temporal relativista. Pero el motivo por el que no me gustó es que Lem recae aquí en la leyenda negra antiespañola cuando se refiere a España como «un país con una larga tradición de luchas sangrientas». ¿No podría decir lo mismo del suyo, Polonia?

57. CIENCIA-FICCIÓN SOVIÉTICA

Como sabemos, durante sus setenta años de existencia la Unión Soviética se convirtió en un Estado constitucionalmente ateo en el que la religión (especialmente la católica) estaba perseguida. No es de extrañar, por tanto, que la mayor parte de los autores de ciencia-ficción de la época soviética puedan clasificarse en este capítulo. Ni todos los autores, ni todas sus obras son anticristianas, pero algunos sí pueden considerarse comunistas fanáticos y sus obras, mera propaganda. Sin embargo, en medio del fárrago destacan algunas perlas a las que haré referencia aquí.

Uno de los autores más conocidos en occidente es Iván Yefrémov (o Efremov), del que mencionaré dos novelas breves y dos relatos.

La primera novela, *La nebulosa de Andrómeda*, publicada en 1957, tiene como objetivo principal hacer propaganda comunista. Por supuesto, la acción tiene lugar en un futuro en el que el comunismo soviético se habría impuesto en todo el mundo, y de lo que se trata es de cantar sus maravillas. Tampoco me gustó el estilo; utiliza demasiados adjetivos.

La segunda, *El corazón de la serpiente*, publicada en 1962, pertenece al subgénero de los viajes interestelares y los encuentros con extraterrestres. Yefrémov presenta las ideas de Jean Jacques Rousseau en versión comunista soviética: el hombre es bueno por naturaleza; la sociedad (capitalista) le corrompe; en el futuro, cuando el comunismo soviético domine el mundo, la bondad innata del hombre aflorará espontáneamente. El capitán de la nave interestelar enferma. El segundo de a bordo tiene que realizar una maniobra compleja. Cuando la termina, el capitán confiesa que su enfermedad fue falsa; un contubernio con el médico de a bordo para brindar esa experiencia a su subordinado. ¡Qué buenos son todos! Los tripulantes se plantean la siguiente pregunta: ¿qué hacemos aquí, tan lejos de la Tierra, elevada por el comunismo a la condición de paraíso? ¿No estamos perdiendo el tiempo, cuando allí podríamos ser felices? (¡Por favor!) Hay algún error científico divertido, como el suponer que materia y antimateria se repelen gravitatoriamente (de hecho, se atraen). Y los extraterrestres son tan buenos que son también, sin duda, adeptos al comunismo soviético. En resumen, esta novela es un panfleto político filocomunista disfrazado de ciencia-ficción. La parte del encuentro con extraterrestres está bastante bien, aunque personalmente me gustan más otras obras en la misma línea, como, por ejemplo, *Proyecto Hail Mary*, de la que hablaremos más adelante.

Los dos cuentos cortos, en cambio, son muy buenos. Se titulan así: *La sombra del pasado* y *Naves de estrellas*. No es extraño, porque tienen que ver con la profesión de su autor (era paleontólogo). Ambos se relacionan con la búsqueda de fósiles de dinosaurios. En el primero, la sorpresa es la aparición, en el lugar de las excavaciones, de una imagen, espejismo o fantasma de un dinosaurio vivo. La explicación del suceso es ingeniosa. En el segundo cuento, el hallazgo de un cráneo de triceratops con un agujero de bala, lo que apunta a una visita de extraterrestres hace millones de años.

Otro cuento interesante es *Los cangrejos caminan sobre la isla* de Anatoli Dneprov. Tiene también su carga ideológica: los malos del cuento son los Estados Unidos, que acometen un proyecto para obtener un arma irresistible que, naturalmente, utilizarán contra la pacífica Unión Soviética. El interés del cuento es que adelanta experimentos que se realizarán muchas décadas después y que han dado lugar a una rama de la informática, la computación evolutiva. El fracaso del experimento ofrece una buena lección para los que piensan erróneamente que cualquier proceso evolutivo se encaminará siempre hacia un resultado que su diseñador considera favorable.

El experimento olvidado, de los hermanos Strugavsky, es otro cuento digno de mención, pues plantea una situación semejante a la que luego ocurrió en Chernobyl.

Terminaré citando *Nosotros*, una distopía escrita en 1921 por Yevgeny Zamyatin que influyó en las obras distópicas mucho más conocidas de Aldous Huxley y George Orwell. Esta novela fue la primera obra prohibida por la censura soviética, por lo que Zamyatin tuvo que publicarla en traducción inglesa fuera de su país y no pudo hacerlo en su lengua original hasta 1952.

58. POUL ANDERSON: ÓRBITA ILIMITADA

Esta novela de Poul Anderson está formada por cuatro partes casi independientes que inicialmente se publicaron por separado. Cada una de ellas enfrenta a los protagonistas con dilemas éticos intrincados.

1. En la primera parte, «El granero de Robin Hood» (*Robin Hood's barn*), el gobierno de la Tierra futura se ha vuelto dictatorial y trata de imponer a todo el mundo su ideología, empezando por los niños, a los que se adoctrina en el colegio. Preocupados porque no pueden educar a sus hijos conforme a sus convicciones, un grupo de ciudadanos decide emigrar a un planeta de tipo terrestre que acaba de ser descubierto alrededor de la estrella e-Eridani. Ese dilema es importantísimo aquí y ahora, aunque la solución que adoptan no está a nuestro alcance.

2. En la segunda parte, «El puente ardiente» (*The burning bridge*), la acción tiene lugar durante el viaje de los colonizadores hacia el planeta Rustum. El problema ético se le presenta a Joshua Coffin, jefe de la expedición, cuando se recibe un mensaje de la Tierra diciéndoles que la situación ha cambiado y que, si regresan, podrán educar a sus hijos como quieran. Ante ese mensaje escueto se plantean dos posibilidades: o bien es verdad lo que dice el mensaje, en cuyo caso podrían volver a la Tierra y escapar de los peligros de la colonización de un planeta nuevo, o bien es una argucia para hacerles volver. Ante el punto muerto que se produce, el jefe de la expedición recurre a procedimientos éticamente discutibles para resolver el problema.

3. En la tercera parte, «Y sin embargo tan lejos» (*And yet so far*), los colonizadores han llegado a Rustum, pero un accidente pone en peligro la descarga de las herramientas que necesitan para instalarse. El nuevo jefe de la expedición

se niega a recuperarlas, porque se ha enamorado de la esposa de uno de los colonos y quiere que todos vuelvan a la Tierra. Ante esa situación, el marido recurre al chantaje moral para conseguir que el jefe le permita recuperar el contenido de la nave accidentada.

4. En la cuarta parte, *Los molinos de los dioses* (*The mills of the gods*), Joshua Coffin, antiguo jefe de la expedición reconvertido en colono, es un protestante puritano que cree en un Dios implacable y vive sin gozar de la vida, hasta que la desaparición de su hijo adoptivo le ayuda a resolver sus problemas psicológicos y le permite alcanzar cierto grado de aceptación de sí mismo.

A veces, el autor de una novela en cuyo argumento interviene el cristianismo puede ser agnóstico o incluso ateo, en cuyo caso es probable que la fe del personaje aparezca bajo una luz negativa y conlleve en él efectos retrógrados o represivos. Esto es lo que ocurre en esta novela, a pesar de lo cual es una de mis favoritas en el género de la ciencia-ficción.

59. POUL ANDERSON: PLANETA HERMANO

Este cuento de Poul Anderson sobre la colonización de Venus plantea a su protagonista un importante problema ético, como sucede a menudo en muchas novelas y cuentos de Anderson. Este es el argumento:

En este cuento Venus es un planeta cubierto totalmente de agua y poblado por organismos acuáticos de muchos tipos, entre los que destaca una especie de seres parecidos a los delfines de la Tierra, que son amistosos con los exploradores terrestres. El protagonista descubre que esos individuos son capaces de sentir placer estético, lo que le convence de que son inteligentes. Al descubrirse que hay una forma de adaptar Venus a la especie humana, lo que daría lugar a la extinción de las especies autóctonas, decide actuar para impedirlo. Para ello destruye la base terrestre, matando a todos sus habitantes, y mata también a algunos de los «delfines» de Venus, para que en el futuro no vuelvan a recibir amistosamente a los terrestres. Lleno de remordimientos por lo que ha hecho, cae en la desesperación. Sus últimas palabras son «¡oh, Dios, existe, por favor! ¡Haz un infierno para mí!».

La solución al problema que da el protagonista no me parece correcta. Sin duda, Anderson estaba pensando en el principio del mal menor y consideró que un genocidio es un mal mucho mayor que unos cuantos asesinatos. Sin embargo, el protagonista había logrado convencer a sus compañeros de que no debían divulgar el descubrimiento. A pesar de ello, los mata, porque no se fía de que cumplan su promesa, y aun se fía menos del resto de los habitantes de la Tierra.

En una situación parecida en el planeta Marte, la protagonista de mi novela *Bajo un cielo anaranjado* recurre a un mal menor mucho menos drástico: para salvar a los marcianos autóctonos, simplemente deja que todo el mundo se engañe y crea que los marcianos son capaces de defenderse contra los terrestres. De todos modos, sabe que el *impasse* al que ha conducido a los dos planetas es inestable, y que habría que encontrar un procedimiento para romperlo que sea aceptable para ambas partes. Esto proporciona una parte del argumento del cuarto libro de esta serie, *Operación Viginti*.

60. ROBERT HEINLEIN: FORASTERO EN TIERRA EXTRAÑA

Robert Heinlein parece haber sido agnóstico, aunque conocía bien la Biblia, probablemente debido a la educación protestante que había recibido. En sus obras critica a menudo las religiones establecidas.

Una de sus novelas, *Tropas del espacio* (*Starship Troopers*), publicada en 1959, fue muy criticada por sus ideas militaristas. En cambio, *Forastero en tierra extraña* (*Stranger in a Strange Land*), publicada en

1961, fue muy bien acogida y se convirtió, pocos años después, en el libro de cabecera de la contracultura y del movimiento *hippie*, porque abogaba por la libertad sexual, por tipos alternativos de familia y por la liberación de muchas trabas morales. Este es su argumento:

> Michael Smith es un terrestre nacido en Marte y educado por marcianos autóctonos que le han enseñado poderes desconocidos en la Tierra, como la capacidad de acelerar o decelerar el tiempo propio, la telepatía y la teleportación. Michael quisiera enseñar esas cosas a los demás terrestres, pero no es aceptado. Con ayuda de unos amigos, consigue estabilizar su situación administrativa en la Tierra, pero entonces se le ocurre fundar una religión para promover sus enseñanzas, que niegan la propiedad privada y la familia monogámica. Rechazado ahora por las religiones establecidas, especialmente por una muy parecida a la suya, los Fosteritas, al final de la novela es linchado por una multitud enardecida. Algunas de las costumbres marcianas que Smith trata de importar a la Tierra son muy desagradables, como la de comerse a los amigos fallecidos.

Entre las restantes obras de Heinlein (tiene muchísimas) citaré una novela juvenil, *Cadete del espacio* (*Space Cadet*, 1948); *La puerta del tiempo* (*By his Bootstraps*, 1941), novela disparatada sobre las paradojas de los viajes en el tiempo; *Las verdes colinas de la Tierra* (*The Green Hills of Earth*, 1951), colección de cuentos; y el relato breve suyo que más me ha gustado: *La amenaza de la Tierra* (*The Menace from Earth*, 1957).

61. FRANK HERBERT: DUNE Y COMPAÑÍA

Las ideas religiosas de Frank Herbert no están claras. Se sabe que se educó en una familia católica, pero no parece haber practicado, y sus declaraciones al respecto, cuando le preguntaban, fueron siempre ambiguas. Por otra parte, la religión desempeña un papel importante en sus novelas.

En una entrevista de 1983 con Tom O'Reilly, dijo esto: «Lo que digo en mis libros se reduce a esto: Adopta la religión por lo que es bueno y evita lo que es dañino. No condenes a las personas que la necesitan. Ten mucho cuidado cuando esa necesidad se vuelve fanática».

En su serie de novelas más famosa, *Duna* (*Dune*, 1965), el protagonista, Paul Atreides, es una especie de Mesías, título que se utiliza en la segunda novela de la serie. No obstante, más bien habría que llamarle *Mahdi*, porque los *Fremen* están claramente inspirados en los árabes, que lanzaron una *Yihad* fulminante sobre las civilizaciones vecinas y en pocos años destruyeron el imperio sasánida y se apoderaron de gran parte de la región dominada por el imperio bizantino, así como del reino visigodo, invadiendo incluso la India.

En su primera novela larga de ciencia-ficción, publicada nueve años antes que *Dune* y titulada *El dragón en el mar* (*The Dragon in the Sea*, 1956), la tercera guerra mundial ha estallado. Las Islas Británicas han sido barridas por las armas nucleares, la Unión Soviética ha invadido Europa y los Estados Unidos se ven obligados a enviar submarinos para extraer petróleo de depósitos situados en el fondo del mar, pero varios de esos submarinos no vuelven, lo que hace pensar que los soviéticos han introducido topos en las tripulaciones para traicionar a sus compañeros y frustrar la misión. Cuando se organiza una nueva expedición, el ejército recluta a un psicólogo para que estudie a sus tres compañeros de tripulación, averigüe quién es el traidor y le impida actuar. Un detalle curioso de esta novela es que los tres miembros de la tripulación son cristianos creyentes, dos protestantes y uno católico. Pienso que el desenlace sería hoy considerado políticamente incorrecto.

Antes de dedicarse a tiempo completo a escribir *Dune*, Herbert publicó en 1959 un cuento corto bastante bueno sobre el tema de los encuentros con extraterrestres. Su título es *Eslabón perdido*.

En la sección dedicada a Asimov mencioné que Herbert colaboró en una novela (*The Jesus Incident*) cuyas connotaciones son claramente anticristianas. Esto me ha decidido a incluirle en este capítulo.

62. ARTHUR C. CLARKE: 2001, UNA ODISEA EN EL ESPACIO

2001, una odisea en el espacio (1968) es una de las películas más representativas de la ciencia-ficción en el mundo del cine. Su guion, cuya redacción llevó varios años, fue elaborado conjuntamente por Arthur C. Clarke, escritor consagrado de ciencia-ficción durante la edad de oro de este género, y Stanley Kubrick, afamado director de cine. Mientras participaba en el guion, Clarke escribió un libro con el mismo título que la película, publicado después del estreno de esta.

En 1972 Arthur C. Clarke publicó otro libro, titulado *Los mundos perdidos de 2001*, en el que mezcla reminiscencias sobre la construcción del guion con capítulos descartados del libro. Al leerlo, es posible seguir el proceso de elaboración de la película y las etapas sucesivas que atravesó el argumento. Coincido con Clarke y Kubrick en que el guion definitivo quedó mucho mejor que cualquiera de las versiones intermedias.

La lectura de este libro me ha sugerido dos comentarios:

1. En casi todas las versiones anteriores a la definitiva, Clarke incluía una descripción de los extraterrestres que reciben a David Bowman después de su viaje interestelar. Opino que su ocultación fue un acierto. Cualquier forma que se les hubiera dado habría sido decepcionante.

   Pues bien, en varias de sus descripciones Clarke insiste en dos detalles: a) que los extraterrestres tendrían la boca en mitad del tronco, a la altura del estómago; que sus aberturas respiratorias estarían situadas en el pecho, donde los humanos terrestres tenemos los pezones. ¿Por qué? Porque, según Clarke, nosotros estamos mal diseñados: del hecho de que nuestras vías respiratorias y digestivas tengan una zona común (la faringe) se siguen malas consecuencias, como el atragantamiento, una de las causas más frecuentes de muerte accidental. Si tuviésemos la boca sobre el estómago, la faringe y el esófago quedarían eliminados; lo mismo ocurriría con la tráquea, si las aberturas respiratorias condujeran directamente a los pulmones.

Pero Clarke olvida que *los seres humanos descendemos de los peces*, la forma de cuyo cuerpo exige que la boca esté situada en la cabeza (si no, no podrían agarrar el alimento), y que la aparición del pulmón en estos animales, previo al abandono del agua y a la vida en tierra firme, llevó a que en todos los vertebrados, los orificios respiratorios estén también situados en la cabeza.

Para que la evolución hubiese conducido a la forma preferida por Clarke, habría sido necesario que los extraterrestres no descendieran de animales acuáticos, o que hubiesen manipulado su propio desarrollo para rediseñar su cuerpo al gusto de Clarke.

2. En una de las versiones intermedias, los extraterrestres que reciben a Bowman hablan con él y le dicen esto:

> Si, como muchas sociedades primitivas, [los terrestres] todavía creían en dioses y espíritus, deben abandonar estas fantasías y enfrentarse a la terrible verdad.

No me extraña que Clarke escribiera esto, pues era ateo y le gustaba hacer en sus novelas propaganda de sus ideas, igual que yo también introduzco mis ideas en mis obras. Lo que me extraña es que Clarke no se diera cuenta de que ha buscado un sucedáneo para la idea de Dios en esos extraterrestres tan avanzados que vendrán a proporcionarnos la inmortalidad, como se deduce del final de la novela y de la película.

Prefiero mil veces creer en un Dios creador y salvador que en esos extraterrestres salvadores que tanto le gustan a Clarke y que aparecen también en otra novela suya: *El fin de la infancia*. Por cierto, en la obra que estoy comentando, Clarke confiesa que

Kubrick y él acariciaron durante algún tiempo la idea de presentar a los extraterrestres de *2001* con aspecto de diablos, como en la otra novela de Clarke. Afortunadamente, pronto la abandonaron.

63. ARTHUR C. CLARKE: LA ESTRELLA

Este es uno de los cuentos más famosos de A.C. Clarke, especialmente entre los ateos. De hecho, es falaz, como suele ocurrir en la argumentación atea. Su trama es esta:

> En un futuro en el que ya se pueden realizar viajes interestelares, un sacerdote católico viaja a una estrella próxima, una enana blanca, y observa a su alrededor indicios de que en uno de sus planetas hubo una civilización de extraterrestres inteligentes que desapareció catastróficamente cuando la estrella se convirtió en supernova. Al calcular la fecha en que la estrella hizo explosión, descubre que esa fue la estrella de Belén, que avisó a los Magos del nacimiento de Jesús. Esto le hace perder la fe.

La situación que afecta tanto al sacerdote católico astronauta no es original. Es el problema del dolor, tan antiguo como el hombre. Lo único que cambia aquí es el número de personas afectadas. Pero ¿qué diferencia hay, en el fondo, en que una catástrofe natural mate a una sola persona, a 750.000 (como en Tangshan, China, en 1976), o a 10.000 millones, como en este cuento? ¿Y cómo puede suponer Clarke que un sacerdote católico no se haya enfrentado antes con ese problema y que para perder la fe tuviera que esperar a descubrir un caso más, además de los innumerables que ya conocía?

El hecho de que una supernova pudiera haber sido utilizada por Dios para señalar el nacimiento de Cristo a los astrólogos no es novedad. Dios siempre puede usar para sus propósitos las consecuencias de todo lo que ocurre, obteniendo algo bueno a partir de algo malo o doloroso. Un sacerdote católico no perdería la fe por esa razón, a menos que tuviera poca fe desde el principio.

Hay un error científico en el cuento: los restos de una supernova suelen convertirse en astros más compactos que las enanas blancas, como estrellas de neutrones y agujeros negros. Además, un sistema en el que aparece vida inteligente tendría en su centro una estrella del tamaño del sol o un poco más grande que nunca se convertiría en supernova. Las supernovas son la explosión de estrellas de gran tamaño que no duran lo bastante para que a su alrededor aparezca vida inteligente. Pero eso no se sabía a mediados del siglo xx, cuando Clarke escribió este cuento.

El capítulo 2 del Evangelio de san Mateo comienza con estas palabras:

> Nacido, pues, Jesús en Belén de Judá en los días del rey Herodes, llegaron del Oriente a Jerusalén unos magos diciendo: ¿Dónde está el rey de los judíos que acaba de nacer? Porque hemos visto su estrella en el Oriente y venimos a adorarle.

Lo primero, algunas consideraciones sobre este texto:

Mago es un término que tiene diversas acepciones. Estrictamente hablando, se aplicaba a los sacerdotes del *mazdeísmo*, la religión de Zoroastro. Como esos magos solían dedicarse a la astrología (nombre que entonces daban a la ciencia que hoy llamamos astronomía), en sentido amplio podía aplicarse a todo aquel que se dedicara a esa ciencia. El Nuevo Testamento no dice en ningún sitio que fuesen reyes. Esa es una tradición posterior.

Se observará que el texto no dice que fuesen tres. Por lo menos eran dos, pues el término está en plural, pero pensadores posteriores han discutido si fueron dos, tres, o hasta seis. Lo de *los tres magos* es también una tradición posterior.

Se menciona que el rey Herodes estaba vivo. ¿Cuándo murió Herodes? Desde Emil Schürer se ha supuesto que murió en el año 750 *ab Urbe condita* (a.U.c., desde la fundación de Roma), que corresponde al año 4 antes de la era cristiana. De aquí, muchos historiadores dedujeron que Jesucristo debió de nacer antes de esa fecha y que por tanto Dionisio el Exiguo, autor de la idea de fechar los años a partir del nacimiento de Cristo, se equivocó al asignarle el año 754 a.U.c. Pero algunos historiadores modernos piensan que Herodes murió en el año 753 a.U.c. (el año 1 a.C.) y que sus hijos adelantaron la fecha del principio de su reinado, causando así la discrepancia y llevando a Emil Schürer a una conclusión errónea. En este caso, la fecha más probable del nacimiento de Cristo estaría comprendida entre el año 7 a.C. y el año 2 a.C.

La naturaleza de la estrella que condujo a los magos a Belén ha dado lugar a innumerables elucubraciones, más o menos dignas de crédito. Las teorías más extendidas se clasifican en varios grupos:

Fue un cometa. El cometa de Halley pasó cerca de la Tierra en el año 12 a.C., por lo que quedaría eliminado. Astrónomos chinos y coreanos señalaron el paso de un posible cometa el 23 de febrero del año 4 a.C. En contra de esta teoría está la concepción del cometa como un signo de mal augurio –muy habitual entonces– y la idea aristotélica de que los cometas eran fenómenos meteorológicos y, en consecuencia, no debería aplicárseles el nombre «estrella».

Fue una supernova. Esta teoría estuvo en boga a mediados del siglo XX, como demuestra el cuento de ciencia-ficción de Arthur Clarke. Por entonces se pensaba que el astro señalado por los astrónomos chinos y coreanos el 23 de febrero del año 4 a.C. pudo no ser un cometa, sino una supernova. Después la teoría de la supernova perdió fuerza, aunque resucitase en 1978. En 2005 Frank Tipler ha sugerido que pudo ser una supernova en la galaxia de Andrómeda.

Fue una conjunción planetaria. Esta es la teoría más extendida. Se han propuesto varias candidatas: una conjunción de Júpiter y Saturno en la constelación de Piscis que tuvo lugar el año 7 a.C., pues Júpiter es el planeta rey; Saturno, para los judíos, representaba al Mesías; Piscis podría haber sido la constelación de Palestina. O la conjunción de Júpiter con la estrella Regulus, la más brillante de la constelación de Leo, que representa a Judá, que tuvo lugar en septiembre del año 3 a.C., seguida nueve meses después por una conjunción de Júpiter con Venus (la madre). Como estos dos planetas son los dos astros más brillantes del cielo salvo el sol y la luna, una conjunción en la que se acerquen hasta hacerse indistinguibles da lugar a la estrella más brillante jamás vista. También se ha hablado de una doble ocultación de Júpiter tras la luna en Aries en marzo y abril del año 6 a.C.

En su libro *La infancia de Jesús*, tercera parte de la trilogía de Jesús de Nazaret, el papa Benedicto XVI señala que algunos exegetas opinan que no se debe mezclar la teología con la astronomía. Y añade que «san Juan Crisóstomo había desarrollado en la Iglesia antigua una postura similar». De todos modos, el papa reconoce que «sería un error rechazar a priori esta pregunta» (si la estrella pudo ser un fenómeno astronómico real) «remitiéndose a la naturaleza teológica de la historia».

Naturalmente, algunos historiadores ateos resuelven el problema negando que el texto del Evangelio tenga nada que ver con la realidad y considerándolo como un simple cuento.

El problema de la estrella de Belén, como el de la fecha del nacimiento de Cristo, dista mucho de estar resuelto, pero es indicativo que sigan abordándolo, no sólo teólogos e historiadores, sino también científicos serios, especialmente astrónomos, y que se hayan publicado artículos sobre el tema en revistas como *Nature*.

65. EL MUNDO PAGANO DE URSULA K. LE GUIN

El hecho de que Ursula K. Le Guin fuese hija del famoso antropólogo A.L. Kroeber condicionó sus ideas y algunas de sus novelas, en los que la arqueología desempeña un papel importante. Sus obras más conocidas pueden clasificarse como fantasía (como el ciclo de *Terramar*) o como ciencia-ficción (como el ciclo de *Ekumen*).

Le Guin se declaró atea en el prólogo de su novela *La mano izquierda de la oscuridad*, aunque sus ideas están muy afectadas por el taoísmo, que por otra parte es una religión atea. Esto se nota mucho en la serie de fantasía de *Terramar*, especialmente en la tercera entrega, *La costa más lejana* (la última que he leído), que describe un mundo de los muertos similar al Hades griego, un mundo de desesperanza y casi de inconsciencia.

En *La mano izquierda de la oscuridad*, un imperio galáctico humano parece haberse derrumbado (esto nunca está demasiado claro) y haber dado lugar así a una evolución independiente en cada sistema planetario. Miles de años después, ha surgido una nueva sociedad intergaláctica (el *Ekumen*) que poco a poco va descubriendo e incorporando los mundos perdidos de la civilización anterior. La novela muestra la posibilidad de una profunda amistad y entendimiento entre humanos pertenecientes a diferentes especies biológicas.

Los pensadores ateos tienen dificultades para comprender el concepto del pecado original. Tienden a creer que la utopía está a nuestro alcance, un poco más lejos hacia el futuro. En esta novela, la utopía es el *Ekumen*. Sin embargo, como Chesterton señaló en *El hombre perdurable*: «Independientemente de lo que los hombres hayan creído, todos han creído que hay algo malo en la humanidad. Esta sensación de pecado ha hecho imposible ser natural y no tener ropa, así como ha hecho imposible ser natural y no tener leyes». En cualquier caso, la novela de Le Guin es una buena lectura.

En *El nombre del mundo es bosque* algunos seres humanos se comportan como perros rabiosos. Uno de ellos se llama Davidson. Su crueldad empuja a una raza de extraterrestres pacíficos a renunciar a su pacifismo y a utilizar la violencia en legítima defensa. Le Guin da una lección a los pacifistas y un aviso a los optimistas que creen que el hombre puede dejar de ser hombre y vencer por sí solo los efectos del pecado original, a pesar de que Le Guin se declara a sí misma taoísta, lo que no deja de ser irónico. Esta novela corta recuerda la mía, *Bajo un cielo anaranjado*, que describe una situación parecida, aunque el final es completamente diferente.

65. DOUGLAS ADAMS: GUÍA DEL AUTOESTOPISTA GALÁCTICO

El autor de este libro se burla de todo: de la Tierra, de Dios, del hombre, de las preguntas fundamentales de la vida y la filosofía, del lector, y probablemente de sí mismo.

Una de las citas de este libro me brindó un argumento para demostrar la existencia de Dios, lo que es irónico, pues Douglas Adams se declaraba «ateo radical».

> Sólo descubrieron un pequeño asteroide habitado por un anciano solitario que afirmó repetidamente que nada es verdad, aunque más tarde se descubrió que estaba mintiendo.

Mi argumento: la afirmación «nada es verdad» puede ser verdadera o falsa. Si fuese verdadera, se seguiría que al menos esa afirmación es verdadera, luego la afirmación sería falsa: llegamos a una contradicción. Luego la afirmación tiene que ser falsa, como dice correctamente Douglas Adams. Pero entonces, la verdad existe. Y como Dios es la Verdad, se sigue que Dios existe.

Como ateo radical típico y buen aprendiz de Richard Dawkins, usa el sarcasmo y el ridículo contra los argumentos a favor de la existencia de Dios, como el ajuste fino. Otros conocidos ateos radicales hacen lo mismo, pues no parecen capaces de usar la razón para defender su posición, por lo que recurren a la falacia *ad hominem*. Para verlo, sólo hay que leer el debate entre Daniel Dennett y Alvin Plantinga: *Science and Religion: Are they Compatible?*

Ha aquí una cita hilarante de esta novela de Douglas Adams:

> En el planeta Tierra, el hombre siempre había supuesto que era más inteligente que los delfines, porque había logrado hacer muchas cosas (la rueda, Nueva York, guerras, etc.), mientras que todo lo que habían hecho los delfines era pasárselo bien en el agua. Pero a la inversa, los delfines siempre habían creído ser mucho más inteligentes que el hombre, precisamente por la misma razón.

Esta cita, así como otras de este libro referidas a los experimentos con ratones, me recuerdan una cita de mi novela *Los moradores de la noche*:

El hombre estudia al chimpancé. El chimpancé no estudia al hombre.

66. PHILIP PULLMAN: SATANÁS COMO PROTAGONISTA

La obra más conocida de Philip Pullman, la trilogía de *La materia oscura*, puede considerarse como un ataque frontal al cristianismo desde el género de la fantasía. El autor declara que concibió la trilogía como una antítesis del *Paraíso perdido* de Milton en la que el diablo desempeñase el papel del héroe y Dios el del villano. También se ha dicho que se trataba de una respuesta a las *Crónicas de Narnia* de C.S. Lewis.

La primera novela de la trilogía tiene dos títulos: *Luces del norte* y *La brújula de oro*, el primero en el Reino Unido, el segundo en los Estados Unidos de América. La película basada en este libro lleva, como es lógico, el título estadounidense. Este libro me gustó. Veamos un resumen:

En un mundo alternativo, en el que la historia se parece a la nuestra, pero con algunos cambios, cada ser humano tiene un compañero animal que le acompaña siempre, se comunica con él, y ambos están unidos por lazos muy estrechos e íntimos. La adolescente Lyra Belacqua, protagonista de la novela, se ve sometida a numerosas aventuras en las que conoce a sus padres, que están separados y enfrentados, y la han dejado al cuidado de otros durante varios años. Al final de la novela vemos que el padre de Lyra, Lord Asriel, que ha actuado durante la mayor parte de la novela como antagonista, asesina al mejor amigo de su hija para obtener la energía suficiente para abandonar su mundo y pasar a otro universo. Al lector no le cabe duda de que Lord Asriel es un personaje demoniaco. Lo que resulta más difícil de averiguar es que este es el verdadero protagonista de la serie.

En la segunda novela (*La daga*) pasamos a nuestro mundo. El protagonista aparente es otro adolescente, Will Parry, que se encuentra con Lyra en otro universo y consigue una daga sutil, capaz de atravesar cualquier material. Lord Asriel apenas aparece. Aquí el lector comienza a darse cuenta de que las cosas no son como había pensado, pues los ángeles caídos (los demonios) parecen ser los buenos, sucesos y personajes procedentes de otros mundos empiezan a invadir nuestro mundo, y todo se prepara para el desenlace final, que será un ataque directo a Dios.

La tercera novela (*El catalejo lacado*) clausura la historia. Lord Asriel se revela como la personificación de Satanás. Su arma para destruir a Dios será un nuevo pecado original en el que Will Parry y Lyra desempeñan el papel de Adán y Eva. Aquí Pullman demuestra una falta de originalidad asombrosa; el pecado original es un acto sexual entre los dos adolescentes. El final es previsible: Dios y sus enemigos mueren en la batalla final, y Lord Asriel (Satanás) pasa a ser el salvador del mundo, que da la vida para destruir a un Dios malévolo.

No hacen falta comentarios. Mi calificación personal de estos libros en una escala de 0 a 5 puntos es esta: Al primer libro le doy 4 puntos, principalmente por la originalidad del acompañante animal de los seres humanos, que representa de algún modo su alma. Al segundo, le doy 2 puntos. Al tercero, 0 puntos.

67. TED CHIANG: LA HISTORIA DE TU VIDA

Este cuento es excelente, aunque no estoy de acuerdo con su forma de entender el tiempo. Como Einstein, Chiang parece creer que los tiempos pasado y futuro son indistinguibles. Uno de los personajes dice que *las leyes fundamentales de la física son simétricas respecto al tiempo*, lo que no es cierto: se ha olvidado del segundo principio de la termodinámica, y olvidarse de esta ley sume su teoría «en la más profunda humillación», como dijo Arthur Eddington.

Veamos el argumento:

> El cuento alterna el pasado (cuando fue concebida la hija de la protagonista) y el presente (cuando su hija muere prematuramente). El meollo de la historia es la llegada de una flota de naves extraterrestres que quieren comunicarse con nosotros. La protagonista es experta en lenguas y la llaman para que ayude a descifrar el lenguaje de los alienígenas. Mientras lo hace, cambia su visión del tiempo y de cómo nos afecta.

La descripción del encuentro con una inteligencia extraterrestre es muy buena. La forma en que esa inteligencia alienígena se diferencia de la nuestra está maravillosamente descrita. El proceso de aprendizaje de la lengua escrita está detallado de forma excelente.

68. LIU CIXIN: EL PROBLEMA DE LOS TRES CUERPOS

Esta novela de ciencia-ficción atrapa al lector y contiene muchos datos sobre la historia antigua y moderna de China. Un punto sorprendente es la descripción de una computadora cuyos transistores son personas. La idea es muy original y proporcionó un argumento a un artículo de mis amigos Eduardo César Garrido Merchán y Sara Lumbreras sobre los límites de la inteligencia artificial.

Mi regla de oro de la buena ciencia-ficción es que no se tergiverse la ciencia. Como he dicho anteriormente, las tergiversaciones son peligrosas, porque los lectores poco informados pueden llegar a creer que ciertas falsedades son verdaderas.

Esta novela tergiversa la ciencia. La descripción del sistema de tres estrellas de Alfa Centauro no tiene nada que ver con la realidad. Alfa Centauro C es demasiado pequeña (es una enana roja) y está demasiado lejos de las otras dos (A y B) para que su gravedad interfiera con un planeta situado en sus proximidades. Por lo tanto, el problema de los tres cuerpos, que da título a la novela, se reduciría en la práctica a un problema de dos cuerpos, que sí tiene solución analítica. El planeta descrito es también imposible. Por supuesto, esto es una novela, no un libro de astronomía, pero los lectores podrían creer que Alfa Centauro es como se dice aquí, lo que me parece inadmisible.

En un planeta como el que se describe, la vida sería imposible, incluso la más elemental, mucho menos vida inteligente. La sucesión de civilizaciones es también imposible. El listón de credulidad del lector tiene que estar bajo, prácticamente al nivel del suelo.

Como ejemplo del subgénero de las novelas que versan sobre la posible existencia de inteligencias extraterrestres y su encuentro con nosotros, esta novela está en las antípodas de *2001, una odisea del espacio* de Arthur C. Clarke. En ambos casos los autores son ateos, pero su enfoque es esencialmente opuesto. Si en la película-novela de Clarke los extraterrestres vienen a salvarnos de nuestra maldad, a redimirnos, convirtiéndose en sustitutos de Dios, en la de Liu Cixin domina el nihilismo y la carencia de sentido de la existencia, que se plasma en el hecho de que los extraterrestres sólo quieren destruirnos.

En este contexto, los ecologistas exacerbados que desean nuestra extinción desempeñan el papel de traidores a la especie humana. Dada la situación en que nos encontramos, esto no parece tan absurdo como lo habría sido hace medio siglo.

Los personajes de esta novela son todos amorales. Algunos llegan incluso al asesinato. Y se supone que esos son los «buenos». Por supuesto, todos son ateos. En cambio, los extraterrestres malísimos son los únicos que creen en Dios. Ya se ve por dónde van los tiros.

69. ANDY WEIR: PROYECTO HAIL MARY

Andy Weir se hizo famoso por su novela de ciencia-ficción de 2011 *The Martian* (*El marciano*), en la que un astronauta es abandonado en Marte por error, cuando la tercera expedición tiene que cancelarse precipitadamente por culpa de una tormenta de polvo demasiado violenta. La novela sirvió como base para una película, que lleva el mismo título y que hizo famoso a su autor.

Weir no es un escritor prolífico. En 2021 se publicó su tercera novela, *Proyecto Hail Mary* (*Project Hail Mary*), que en mi opinión es una de las mejores novelas de ciencia-ficción recientes.

Proyecto Hail Mary es una novela de ciencia-ficción dura sobre aventuras espaciales bastante típicas en el género. Incluye cuestiones como viajes interestelares a velocidades relativistas, encuentro con inteligencias extraterrestres o la invasión del sistema solar por formas de vida extraterrestre que amenazan nuestra supervivencia. Todo esto integrado de forma muy coherente.

El título de la obra, *Proyecto Hail Mary* (*Ave María*), no está relacionado con la religión, sino con una jugada del béisbol en la que un equipo que va perdiendo lo arriesga todo en una única jugada. Pero la novela contiene numerosos guiños ocultos, fácilmente comprensibles para los católicos. Aunque Weir no lo sea, parece conocer bien el catolicismo. Veamos algunas muestras:

1. El protagonista se llama *Ryland Grace*, o sea, que la nave *Ave María* está *llena de Gracia*.

2. La expedición interestelar es suicida, porque quienes la emprenden no tienen bastante energía para poder regresar. El protagonista, que es el único miembro de la tripulación que llega vivo a su destino, ha emprendido un viaje sin retorno para salvar a la humanidad. Aunque su motivación inicial pueda ser discutible (véanse los capítulos 23 y 26), al final de la novela ofrece voluntariamente su vida para salvar a la población de otro planeta. Ryland Grace es, por tanto, una *figura de Cristo*.

3. Los extraterrestres inteligentes que aparecen en la novela tienen ideas religiosas, como evidencia el hecho de que su lengua contiene el equivalente de la palabra *Gracia*, por

lo que pueden traducir a ella el apellido del protagonista. Véase el capítulo 16.

4. El nombre de pila del personaje Eva Stratt podría tener también connotaciones bíblicas.

Todo lo anterior es sutil, y la mayor parte de los lectores no se darán cuenta de estas asociaciones. Quizá se trate, después de todo, de una broma de Andy Weir dirigida a los lectores católicos. En cualquier caso, esta novela cumpliría con lo que sugirió C.S. Lewis en su artículo «A veces los cuentos de hadas dicen mejor lo que hay que decir» (*Sometimes Fairy Stories May Say Best What's to be Said*):

> ¿Por qué es tan difícil sentir lo que te dicen que debes sentir sobre Dios o los sufrimientos de Cristo? Creo que la razón principal es que a uno le dicen lo que debe sentir... Pero, colocando estas cosas en un mundo imaginario (…), quizá sea posible mostrarlas con su verdadero poder (…) ¿No se podría burlar a esos dragones vigilantes? Creo que sí.

Andy Weir demuestra claramente que no es católico creyente en su cuento corto *El huevo* (*The Egg*), que varios lectores han comparado con *La última pregunta* de Isaac Asimov, del que hablamos en la sección 55. Aunque quizá no sea razonable interpretar el cuento de Andy Weir como una descripción exacta de que lo que piensa sobre Dios y la otra vida. Como autor de novelas, soy consciente de que no todo lo que digo en ellas coincide con lo que creo que es verdad.

CONCLUSIÓN

Me ha costado trabajo decidir dónde colocar a algunos de los autores seleccionados en este libro. Las categorías «cristiano», «no cristiano» y «anticristiano» no están perfectamente claras, a veces un autor no quiere definirse o, si lo hace, no es fácil clasificar la adscripción que ha elegido. Por un lado, decidí considerar cristianos a los antropósofos. Por otro, quizá para compensar, incluí a los teósofos entre los no cristianos. Ciertamente, los primeros están menos alejados del cristianismo que los segundos, pero como en tantas otras situaciones, las cosas no son totalmente blancas ni negras; se admiten muchos tonos de gris, y es difícil trazar la separación de una parte y de la otra.

He dejado fuera a muchos autores de los que no puedo decir si fueron o son cristianos o no. A menudo, ellos mismos se resisten a declararlo (tienen derecho a ello). Quizá la culpa sea mía, por no haber investigado bastante. Si un lector echa de menos alguno de sus autores favoritos, puede que sea por esta razón.

Otro motivo es que algunos autores, aun siendo religiosos, pueden estar adscritos a religiones no cristianas. Se me ocurre, por ejemplo, citar a Kenji Miyazawa, que fue budista devoto, aunque en su novela de fantasía *El tren nocturno de la Vía Láctea* (1934) introdujo algunas ideas cristianas. O a Kazuo Ishiguro, premio Nobel de origen japonés que escribe en inglés, cuya novela de ciencia-ficción *Klara y el sol* (2021), perteneciente al subgénero de la inteligencia artificial, tiene claras connotaciones religiosas a nivel pagano, si bien desconozco cuáles son las ideas del autor al respecto.

Un tercer motivo para la ausencia de un autor podría ser que no he leído sus obras. En este libro he incluido principalmente obras que he leído y, como hay tantísimas, es fácil pasar por alto a alguien.

A veces se acusa a los creyentes de introducir sus ideas en sus obras. ¡Como si los ateos no lo hicieran! Creo que, después de haber leído este libro, eso quedará bastante claro. Por supuesto, tanto creyentes como ateos tienen derecho a introducir sus ideas en sus libros. Y también tenemos derecho a criticar las ideas de otros. Lo que no es de recibo es que unos puedan hacerlo libremente y a otros o bien se les prohíba, o bien se les critique por hacerlo, acusándoles a veces de *proselitismo*. Como si los del lado contrario no hicieran proselitismo, o como si el proselitismo fuese algo malo. En realidad, el proselitismo es parte de nuestra constitución como seres humanos. Si pensamos que algo es verdad, intentamos convencer a los demás de que nuestra forma de pensar es la correcta.

Hay quien dice que todas las ideas son dignas de respeto. No estoy de acuerdo. Como católico, pienso que todo el mundo es digno de respeto, pero sus ideas no. Es fácil hacérselo ver a quien no piensa lo mismo. Basta con señalar esto: ¿entonces, según tú, las ideas de Hitler eran dignas de respeto? ¿O las ideas de las personas partidarias de la esclavitud? (Ha habido muchas a lo largo de la historia). Una cosa es respetar a las personas, y otra respetar las ideas de quienes no respetan a las personas. Y es fácil añadir otro ejemplo: ¿acaso hay que respetar las ideas de los partidarios de que se pueda asesinar a los seres humanos antes de que nazcan o al final de su vida? Porque eso es lo que significan expresiones como «interrupción voluntaria del embarazo» (aborto provocado) o «muerte digna» (eutanasia). Ahora mismo hay muchos partidarios de estas cosas. Todos ellos son dignos de respeto como personas, pero sus ideas no.

Creo que la pregunta que hice al principio de este libro ha quedado contestada. Sí, existe una literatura cristiana y, por lo tanto, también existen la fantasía y la ciencia-ficción cristianas. Hay que clasificar así cualquier ejemplo de obra literaria perteneciente a esos géneros producida por autores cristianos. Y no es una literatura de segunda clase, como algunos sostienen. La prueba es que, entre los autores que he seleccionado para los capítulos primero y tercero de este libro, están algunos de los mejores escritores de los siglos XIX, XX y XXI.

SE TERMINÓ DE IMPRIMIR ESTA EDICIÓN DE
CRISTIANISMO Y ANTICRISTIANISMO
EN FANTASÍA Y CIENCIA-FICCIÓN
EL DÍA 3 DE SEPTIEMBRE DE 2025,
FESTIVIDAD DE SAN GREGORIO MAGNO.

LAUS DEO VIRGINIQUE MATRI